westermann

AF626576

PUENTE AL ESPAÑOL

Cuaderno de actividades 2

Spanisch als dritte Fremdsprache

Descubriendo Galicia

1 ¿Qué palabra buscamos?

a **En la página web de Buena Onda hay un concurso sobre Galicia. Lee las explicaciones y rellena el crucigrama.**

1 lugar admirado por su naturaleza
2 el lugar adonde llegan los barcos
3 un hombre que escribe libros
4 una iglesia importante y grande
5 lengua que la gente habla en Galicia
6 pintores, cantantes y poetas son ...
7 un sinónimo de "lengua"
8 otra palabra para "famoso"

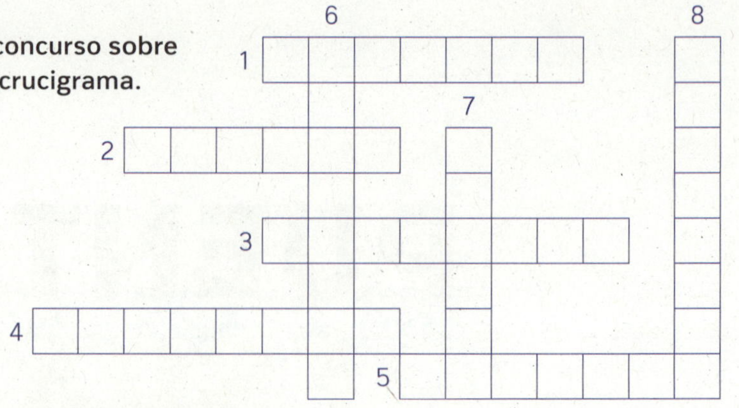

b **En parejas escribid definiciones para otras palabras de las páginas 8 y 9 del libro y cread un crucigrama. Intercambiad el crucigrama con otra pareja.**

2 En Galicia

p. 154/9a

a **En grupos mirad las fotos de Galicia. Cada uno/-a elige una foto y la describe. Los otros adivinan de qué foto se trata.**

b **Lee otra vez los textos de las páginas 8 y 9 del libro. ¿De qué temas hablan? Escribe los números de los textos en las líneas. Ojo: Hay dos temas que no están en los textos.**

1 la comida típica: ______________________
2 el paisaje: ______________________
3 la música: ______________________
4 la capital: ______________________
5 las personas famosas: ______________________
6 el clima: ______________________
7 las fiestas: ______________________
8 el Camino de Santiago: ______________________

p. 143/3

3 Cibrán y su abuelo

¿Cuál de los tres textos resume el texto de la página 10 del libro? Marca los errores de los otros dos.

1 Cibrán presenta su región en un programa de Buena Onda. Le hace una entrevista a su abuelo Xacobe. El abuelo es de Santiago de Compostela, la capital de Galicia. Xacobe habla con Cibrán de la dictadura de Franco y dice que cuando él era joven no se podía hablar castellano en Galicia. En la prensa, en la calle y en la radio la gente solo hablaba en gallego. Hoy en día Galicia es una región bilingüe. El abuelo se fue de la capital de Galicia de joven porque la vida era aburrida y no había mucho trabajo. En Santiago vivía con su primo en el casco antiguo.

2 Cibrán presenta su región en un programa de Buena Onda. Le hace una entrevista a su abuelo Xacobe. El abuelo es de Cebrero, un pueblo pequeño cerca de Castilla y León. Xacobe habla con Cibrán de la dictadura de Franco y dice que cuando él era joven no se podía hablar gallego en Galicia. En la prensa, en la calle y en la radio la gente solo hablaba en castellano. Hoy en día Galicia es una región bilingüe. El abuelo fue a la capital de Galicia de joven porque la vida en Cebrero era aburrida y no había mucho trabajo. En Santiago vivía con su primo en el casco antiguo.

3 Cibrán presenta a su abuelo Xacobe en un programa de Buena Onda. Le hace una entrevista sobre Cebrero, un pueblo pequeño cerca de Castilla y León. Xacobe habla con Cibrán de la dictadura de Franco y dice que cuando él era joven la gente podía hablar gallego en Galicia, pero que en la prensa, en la calle y en la radio la gente solo hablaba en castellano. Hoy en día Galicia es una región bilingüe. El abuelo fue a la capital de España de joven porque la vida en Cebrero era aburrida y no había mucho trabajo. En Santiago vivía con sus padres en el casco antiguo.

Gr p. 5/3.2

4 ¿Lo sabes?

Después de la entrevista la madre de Cibrán tiene muchas preguntas. Completa las respuestas de Cibrán usando el pronombre neutro *lo*. Después subraya la parte de la pregunta que cambiaste por el pronombre.

> *Ejemplo*
> *¿Piensas que el abuelo está contento con la entrevista?*
> *Sí, **lo** pienso.*

1 MADRE: ¿Crees que a tus compañeros les va a gustar la entrevista?

CIBRÁN: Sí, ______________________________.

2 MADRE: ¿Contaste en tu blog que trabajas ahora para Buena Onda?

CIBRÁN: Sí, ______________________________.

3 MADRE: ¿Decidiste ya qué entrevista vas a hacer ahora?

CIBRÁN: No, ______________________________.

4 MADRE: ¿Sabes dónde está la emisora de radio en Madrid?

CIBRÁN: No, ______________________________.

5 MADRE: ¿Estás nervioso por el reportaje sobre el Camino de Santiago?

CIBRÁN: Sí, ______________________________.

6 MADRE: ¿Ya sabes de qué tema va a tratar el siguiente reportaje?

CIBRÁN: No, ______________________________.

Gr
p. 12/8.8.5

5 La vida de Cibrán antes y ahora

a Cibrán tiene quince años. Cuando tenía cinco años su vida era diferente. Mira los dibujos y escribe frases como en el ejemplo.

Ahora Cibrán se despierta a las seis y media. Antes se despertaba a las ocho.

b En clase escribid las formas del pretérito imperfecto en las tablas de la página 79.

c Y tus padres, ¿qué hacían ellos en su infancia que tú no hacías? Escribe un texto de unas 50 palabras para el foro de Buena Onda.

6 A combinar

a Cibrán le hace muchas preguntas a su abuelo sobre su vida de antes. Forma al menos seis de sus preguntas usando el pretérito imperfecto.

Ejemplo
¿Cuándo quedabas con tus amigos?

Adónde	ir	(yo)	en la tele
Cómo	vivir	(tú)	contigo en Santiago
Cuándo	comer	tu primo	a la abuela
Dónde	dar	(nosotros)	paseos por el casco antiguo
Por qué	quedar	tu primo y tú	con tus amigos
Qué	ver	la abuela y tú	tapas los domingos
Con quién/es	conocer	tus amigos	los fines de semana

b Intercambia tus preguntas con tu compañero/-a e inventa las respuestas del abuelo para las preguntas de tu compañero/-a.

7 ¿Qué idioma prefieren los gallegos?

Gr 1, p. 9-12

a Cibrán quiere hacer un reportaje sobre el gallego. Completa su texto con las preposiciones y los adjetivos de las casillas. Si es necesario, escribe también el artículo con la preposición. Ojo: De un adjetivo tienes que escribir el comparativo.

a | con | de | en | entre | para | por

bien | bilingüe | nuevo | obligatorio[1] | vario

Los jóvenes hablan menos gallego. Mucha gente piensa que (1) ________ una comunidad (2) ______________ como Galicia, la mayoría[2] (3) ________ los habitantes usa los dos idiomas (4) _________ su día a día. Pero una encuesta (5) _____________ (6) __________ Instituto Galego de Estatística (IGE) dice que solo uno (7) _________ cada cuatro jóvenes (8) _________ 15 años usa el gallego todos los días. Aunque el gallego es una asignatura (9) _____________ (10) ________ todos los alumnos, un 22 (11) _______ ciento dice que no sabe nada o muy poco. Y muchos otros lo hablan (12) _______ casa, (13) ________ su familia, pero nunca (14) ________ sus compañeros en clase. Unos profesores explican que (15) ____________ niños hablan solo (16) _________ gallego antes de ir (17) _________ colegio. Entonces, encuentran que (18) _________ sus compañeros siempre hay más que hablan español, y (19) __________ eso los niños que (20) _________ principio usaban el gallego empiezan a usar el español (21) __________ entenderse (22) ___________ con sus compañeros.

b Explica por qué tan pocos jóvenes usan el gallego todos los días.

8 Entre idiomas

p. 155/10

Du hast einen neuen Mitschüler aus Spanien, der am Wochenende das Schloss Neuschwanstein besuchen möchte. Er hat jedoch noch einige Fragen. Du hast diese Informationen im Internet gefunden. Beantworte mündlich seine Fragen.

- ¿Dónde puedo comprar las entradas?
- ¿Cuándo puedo comprar las entradas?
- ¿Hay visitas guiadas o audioguías? ¿En qué idiomas?
- ¿Cómo puedo llegar?

INFORMATIONEN

SCHLOSS NEUSCHWANSTEIN

TICKET-CENTER-HOHENSCHWANGAU
Alpseestr. 12 – 87645 Hohenschwangau
Tel. 08362 93083-0 – Fax 08362 93083-20
info@ticket-center-hohenschwangau.de
www.ticket-center-hohenschwangau.de

TICKETRESERVIERUNGEN
Eintrittskarten sind nur im Ticket-Center in Hohenschwangau erhältlich (Tel. 08362 93083-0). Eine Reservierung von Eintrittskarten ist gegen Zuschlag zum Kartenpreis möglich. Eine Umbuchung der Einlasszeit oder eine Stornierung kann nur bis zu 2 Stunden vor der Einlasszeit erfolgen (auch telefonisch).

TICKETVERKAUFSZEITEN
April – 15. Oktober: 7.30-17.00 Uhr
16. Oktober – März: 8.30-15.00 Uhr

FÜHRUNGEN
Führungen im Schloss (ca. 30 Min.) in Deutsch und Englisch sowie in weiteren Sprachen per Audioguide. Aus organisatorischen Gründen bitten wir Besucher mit Gehbehinderung (v. a. Rollstuhlfahrer) sich vorab beim Ticket-Center anzumelden; Behindertentoilette ist vorhanden.

VERKEHRSMITTEL
DB bis Füssen – Bus (RVA) bis „Hohenschwangau"
Das Schloss ist gut zu Fuß in ca. 1,5 km erreichbar (mit Steigung); Kutschenbetrieb bis unterhalb des Schlosses; gebührenpflichtige Parkplätze in Hohenschwangau vorhanden.

1 **obligatorio/-a** verpflichtend | 2 **la mayoría** die Mehrheit

Gr 1, p. 16

9 Un día en la vida de Cibrán

Cibrán escribe en su blog qué hizo ayer. Completa el texto con las formas correctas del pretérito indefinido.

Ayer yo (1) ________________ un día muy especial porque por la mañana (2) ________________ una entrevista a mi abuelo. Él me (3) ________________ muchas cosas interesantes. Después de la entrevista nosotros (4) ________________ juntos a casa. Al mediodía (5) ________________ unos amigos a mi casa y (6) ________________ juntos una tarta. Después de comer, (7) ________________ (nosotros) vídeos divertidos en internet. Luego, yo (8) ________________ clase de Inglés hasta las siete. Más tarde (9) ________________ para el examen de Física. Antes de cenar Iker me (10) ________________ un mensaje y (11) ________________ (nosotros) un poco. Y como siempre (12) ________________ a las 12 de la noche - demasiado tarde. ;-)

p. 143/3

10 El mundo es un pañuelo

Lee los e-mails de la página 14 del libro y contesta a las preguntas en frases completas.

1 ¿Dónde pasó Berit las vacaciones de verano? ________________

2 ¿Qué hacía normalmente por las tardes? ________________

3 ¿Quién era el chico que la llamó mientras ella tomaba el sol en la playa? ________________

4 ¿Qué piensa Berit sobre los amigos de Mario? ________________

5 ¿Qué hizo Berit con Mario y sus amigos? ________________

6 ¿A quién vio Cibrán mientras estaba con su novia el día de su cumpleaños? ________________

7 ¿Con quién salió Cibrán el domingo? ________________

8 ¿Qué hicieron? ________________

9 ¿Qué pasó cuando Cibrán y Ana daban un paseo? ________________

10 ¿Quién ayudó al artista? ________________

11 Rosalía de Castro

a **Lee el texto sobre Rosalía de Castro. Marca en azul las formas del pretérito imperfecto y en rojo las formas del pretérito indefinido.**
b **Hablad en parejas sobre cada caso. ¿Por qué se usa ese tiempo verbal y no el otro?**
c **Resume en alemán lo que dice el texto sobre Rosalía de Castro.**

Rosalía de Castro nació el 24 de febrero de 1837 en Santiago de Compostela. Vivió con su tía Teresa en un pueblo de Galicia hasta los ocho años. Allí aprendió la lengua, las costumbres y las tradiciones de Galicia. En 1850 se fue a vivir a Santiago de Compostela. Allí estudiaba música y dibujo[1] cada día. Durante estos años también iba a las actividades culturales del Liceo de la Juventud. En 1856 se fue a vivir a Madrid y dos años más tarde se casó con Manuel Murguía. Su marido la ayudaba con su carrera literaria porque en esa época las mujeres estaban bastante discriminadas. Rosalía y Manuel tuvieron siete hijos. Rosalía no dejaba de escribir, tanto en castellano como en gallego, y hoy en día sus libros más conocidos son *Cantares gallegos* y *Follas novas*. Fue una de las grandes poetisas y novelistas del siglo XIX en España. Rosalía de Castro murió[2] en Padrón, Galicia, el 15 de julio de 1885 a los 48 años.

1 **el dibujo** das Zeichnen, die Zeichnung | 2 **morir** sterben

Gr p. 13/8.8.6

12 La historia de Mario

El idioma
Die Beurteilung eines Ereignisses oder einer Situation wird im **pretérito indefinido** ausgedrückt.
El domingo pasado fue un día aburrido.

a Mario chatea con su amigo Víctor. Escribe las formas correctas del pretérito imperfecto y del pretérito indefinido.

VÍCTOR: Hola, Mario, ¿qué tal el fin de semana pasado? ¿Qué (1) ______ (hacer)?
MARIO: Mi fin de semana (2) ______ (ser) genial. ¿Sabes a quién (3) ______ (ver) el domingo? A Berit, la chica que (4) ______ (conocer) el año pasado en una fiesta de intercambio.
VÍCTOR: ¿Sí? Siempre lo (5) ______ (pasar) genial en esas fiestas. ¿Dónde la (6) ______ (ver) el domingo?
MARIO: Pues ese día mis amigos y yo (7) ______ (ir) a la playa. (8) ______ (hacer) mucho calor y (9) ______ (haber) mucha gente, así que (10) ______ (tener) que caminar mucho para encontrar un lugar. Y mientras (11) ______ (buscar), de pronto (12) ______ (ver) a Berit. ¡Qué sorpresa! Le (13) ______ (decir) "hola", claro.
VÍCTOR: ¿Y qué (14) ______ (hacer) ella cuando la (15) ______ (saludar)?
MARIO: (16) ______ (parecer) contenta de verme. (17) ______ (estar) sus padres con ella, me los (18) ______ (presentar). (19) ______ (hablar) un rato y al final (20) ______ (quedar) para salir al día siguiente.
VÍCTOR: ¿Ah, sí? ¿Y qué (21) ______ (hacer) los dos el lunes?
MARIO: Pues (22) ______ (ir) al Barrio Gótico con mis amigos.

b Berit le cuenta a un amigo español cómo ella y Cibrán conocieron a Mario. Completa el texto con la forma correcta del imperfecto o del indefinido. Usa los verbos de las casillas.

¿Sabes cómo (1) ______ Cibrán y yo a Mario? (2) ______ un día que Cibrán y yo (3) ______ a la oficina de turismo con sus padres. (4) ______ un tiempo genial y nosotros (5) ______ un paseo por el centro cuando, de repente, un chico (6) ______ delante de nosotros. Cibrán y yo lo (7) ______.

ayudar • caerse • conocer • dar • hacer • ir • ser

Cuando (8) ______, su móvil (9) ______ de su pantalón, pero en ese momento no lo (10) ______ (nosotros) y él tampoco. Nos (11) ______ "gracias" y (12) ______ rápido. Yo creo que (13) ______ (él) un poco nervioso. Un rato después (14) ______ (nosotros) su móvil en el suelo. (15) ______ (nosotros) a sus padres pero no (16) ______ (ellos). No (17) ______ (nosotros) cómo encontrar al chico.

caerse • contestar • decir • encontrar • estar • irse • llamar • levantarse • saber • ver

Por la tarde, Cibrán y yo (18) ______ a una fiesta de intercambio y ¿a quién crees que (19) ______ allí? Al chico del centro. Cibrán le (20) ______ su móvil y por fin (21) ______ (nosotros) su nombre: Mario. Creo que tú (22) ______ una experiencia similar con tu novia. Os (23) ______ en la calle aquel verano porque ...

conocer • dar • descubrir • ir • tener • ver

13 Cuando Cibrán era pequeño

En parejas haced el ejercicio tándem de la página 71.

14 Un viaje por Galicia

p. 144/4.1

**a Berit enseña a Mario fotos de su viaje en el móvil.
Escucha el diálogo y decide en qué orden hablan de los lugares que ves en las fotos.**

b Escucha otra vez y completa las frases.

1 Primero Berit y su familia fueron ____________ porque sus padres ____________.

2 Hoy en día el “Hostal de los Reyes Católicos“ es ____________.

3 Pontevedra es conocida porque ____________.

4 Las pallozas están en ____________.

5 Las pallozas son casas antiguas con puertas muy pequeñas porque ____________.

6 En el río Sil la familia ____________.

15 A tu manera

Elige una actividad.

1 Escribe un acróstico[1] con la palabra “Galicia”.
2 En parejas escribid en un papel todas las letras del alfabeto, cada una en una línea. Después haced un juego con otra pareja. Cada pareja tiene que escribir una palabra relacionada con el tema Galicia que empiece con cada letra del alfabeto. Después de tres minutos dejad de escribir. Gana la pareja que tenga más palabras correctas.
3 En grupos cread una audioguía para la catedral de Santiago de Compostela. Buscad los datos más importantes en internet, escribid textos cortos con la información y grabadlos. Presentad después la audioguía en clase.

16 En el Camino de Santiago

p. 144/4.1

**a Iker acaba de volver del Camino de Santiago y habla con una amiga.
Escucha el diálogo. ¿De qué temas habla Iker? Márcalos con una cruz.**

Iker habla ...

- [ ] del tiempo.
- [ ] de la catedral en Santiago.
- [ ] de los albergues[2].
- [ ] de su mochila.
- [ ] de la gente que conoció.
- [ ] de sus dolores[3].

1 poema en el que las letras iniciales de cada línea forman una palabra | 2 **el albergue** die Herberge | 3 **el dolor** der Schmerz

b **Escucha otra vez y marca con una cruz las frases correctas.**

1 El primer día Iker ...

- a conoció a gente de Alemania.
- b empezó a caminar desde San Sebastián.
- c envió muchas fotos.

2 Por las noches Iker ...

- a quería hacer muchas cosas.
- b salía a cenar.
- c se quedaba en los albergues.

3 Iker se levantaba muy temprano porque ...

- a no podía dormir bien.
- b por la mañana no hacía tanto calor.
- c quería caminar solo.

4 Iker tuvo suerte porque ....

- a hacía bastante frío.
- b llovía solo por las noches.
- c no llovía nunca.

17 Por el camino

En parejas haced el juego de rol de las páginas 77 y 78.

18 Carlos Núñez

p. 140/1

a **Este año va a tocar Carlos Núñez en el Festival de Ortigueira. Por eso, Buena Onda publica una biografía sobre él. En el texto hay palabras que no conoces todavía, pero con la ayuda de las estrategias (pp. 140-141) las puedes entender. ¿Qué significan las palabras en azul y por qué las entiendes?**

Carlos Núñez es uno de los mejores gaiteros de todo el mundo. Nació en 1971 en Vigo y ya de muy pequeño tenía un gran talento para la música. Empezó a tocar la flauta y a los ocho años su padre le regaló su primera gaita. A los doce tocó como solista en la Orquesta Sinfónica de Lorient en Bretaña durante el famoso Festival Intercéltico de esta ciudad y poco después empezó a estudiar flauta en el Conservatorio de Madrid, donde ganó el Premio Extraordinario de Fin de Carrera. Un tiempo después el grupo irlandés de música celta *The Chieftains* lo descubrió. Así empezó su carrera musical. En 1989, cuando tenía 18 años, hizo por primera vez una canción con *The Chieftains* para la banda sonora de la película “La isla del Tesoro”. Desde este momento, Carlos Núñez es como el “séptimo” Chieftain y con ellos toca diferentes conciertos en Europa, Australia, Japón y Estados Unidos. Su primer álbum, “A Irmandade das Estrelas”, salió en 1996 cuando Carlos ya era conocido en muchos países. Este CD, donde el gaitero explora la música de su tierra natal (Galicia), significó el boom de la música celta en España. Además de infinidad de conciertos, festivales y de trabajar con otros artistas de todo el mundo, la música de Carlos Núñez logró más popularidad gracias a su participación en la banda sonora de la película “Mar Adentro”, que ganó el Óscar a la mejor película internacional en 2005. La película trata de la vida de Ramón Sampedro, un hombre gallego que pasó casi treinta años en la cama sin poder moverse y deseaba la aplicación de la eutanasia. Además, Carlos Núñez ha llegado a vender hasta hoy más de un millón de discos en el mundo y lo nominaron dos veces a los premios Grammy latinos.

b **Lee el texto otra vez y decide en qué línea(s) del texto puedes poner cada foto. Justifica tu decisión.**

c **Antes de escribir la biografía, Buena Onda le hizo una entrevista a Carlos Núñez. En parejas inventad las preguntas para la entrevista en las que se puede basar este artículo.**

19 Minidiálogos

En parejas elegid una de las siguientes situaciones e inventad un diálogo. Presentadlo en clase.

1 *A* está de vacaciones en Santiago y camina por el casco antiguo. Se pierde y no sabe cómo volver a la catedral. *B* vive en Santiago y ve al turista *(A)*. Le pregunta si necesita ayuda.
2 *A* trabaja de artista callejero en Santiago. Tiene su lugar favorito enfrente de la catedral, donde trabaja casi todos los días. Llega a la plaza y ve a otro artista callejero *(B)* en su lugar favorito.
3 *A* encuentra un móvil y no sabe qué hacer con él. *B* ha perdido su móvil, llama y habla con *A*.

20 De todo un poco

Celia le envía un e-mail a su amiga desde Galicia. Completa el texto con las palabras que faltan.

Hola, Raquel:

Mis padres y yo (1) ________________ anoche a Baiona, un pueblo muy bonito (2) _______ la costa gallega. (3) ________________ muy cerca de Portugal. Ya sabes que mi abuela es gallega. Cuando ella (4) ___________ ocho años, (5) ________________ aquí. ¡El paisaje es impresionante! Santiago de Compostela también (6) ___________ gusta, aunque en el casco antiguo (7) _____________ muchos turistas y peregrinos. Pero vale la pena (8) ________________ porque hay muchos monumentos interesantes. La catedral es el edificio (9) _______ famoso de la ciudad. Mañana queremos ir a Vigo, (10) ________________ se encuentra el restaurante de un hermano de mi madre. Allí vamos a probar todas las tapas.

Un abrazo y (11) ________________ pronto,

Celia

21 Palabras

p. 141/1.3

a En parejas completad la tabla con palabras de la Unidad 1. ¿Qué significan las palabras en azul? Comprobad vuestros resultados con un diccionario.

	sustantivo	verbo	adjetivo
1	el descubrimiento		/
2	/	conocer	
3	el/la turista	/	
4	la despedida		/
5		saludar	/
6		asustar	asustado/-a
7	la geografía	/	
8		comenzar	/

b Leed el punto 1.4 de las estrategias en la página 142 del libro y comparad las formas de aprender vocabulario. ¿Cuál os parece mejor? ¿Por qué? Hablad en parejas.

22 Supersticiones[1]

p. 141/1.3

a **Galicia no solamente es conocida por el Camino de Santiago, la música de las gaitas y los paisajes verdes, sino también por sus supersticiones. Las de las casillas son supersticiones muy conocidas en España. En parejas relacionadlas con los dibujos. Podéis usar un diccionario.**

1 martes 13 | **2** apagar las velas de la tarta de un soplido | **3** romper un espejo | **4** cruzarse con un gato negro | **5** encontrar un trébol de cuatro hojas | **6** derramar sal | **7** tocar madera | **8** abrir un paraguas dentro de casa

A ☐

B ☐

C ☐

D ☐

E ☐

F ☐

G ☐
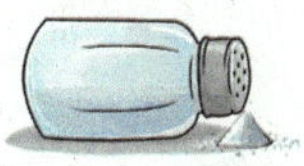

H ☐

b **En parejas pensad si las supersticiones de a) traen buena o mala suerte. ¿Existen las mismas supersticiones en vuestra cultura? ¿Conocéis alguna más? Después hablad en clase.**

c **Escucha la canción de Manolo Tena, un cantante del rock español. Apunta de qué supersticiones de a) habla.**

____

d **Escucha otra vez y completa el texto de la canción.**

Si es noche de luna llena,

tijeras abiertas en la ____________.

Si se cruza un ______________,
o se te rompió el espejo

Si no es por superstición
Puede ser por precaución
Pero de todas maneras...

¡Tocar madera! [...]

Con la escalera y el trece

mejor no tientes a la ____________.

Si alguien viste de ____________
cruza los dedos, ¿sabes cómo te digo? [...]

¡Tocar madera! [...]

Si te marchabas de ____________,
y alguien nombra lo innombrable

____________ deshaces tu equipaje...

¡Tocar madera! [...]

Cuando es ____________, cuando es ____________,
no te cases, no te embarques.

Si alguien te ________________________,
Si alguien tira la sal

Y no es por superstición,
ni miedo a la maldición [...]

las tijeras die Schere | **la precaución** die Vorsicht | **de todas maneras** auf alle Fälle | **la escalera** die Treppe | **tentar a alguien/algo** jdn./etw. auf die Probe stellen | **vestirse (de un color)** Kleidung (in einer Farbe) anhaben | **cruzar los dedos** die Daumen drücken | **marcharse** *irse* | **nombrar** (be)nennen | **deshacer el equipaje** auspacken | **embarcarse** eine Reise antreten | **la maldición** der Fluch

e **Según la canción, ¿piensas que el cantante cree en las supersticiones? Y vosotros, ¿creéis en ellas? Hablad en clase.**

1 **la superstición** der Aberglaube

Das Lied wird aus rechtlichen Gründen nicht als Download angeboten. Es befindet sich auf der CD/BiBox für Lehrkräfte.

Jóvenes en España

1 Palabras nuevas

Lee los textos de las páginas 24 y 25 del libro y completa las frases con las palabras nuevas que faltan o con las preposiciones. Ojo con las formas en plural y la conjugación del verbo.

1 Una de mis compañeras ________ clase es de ________________ peruano.

2 En verano hay muchos intercambios ________________ ________ otros países europeos.

3 Muchos jóvenes están en ________________ y se van al ________________ para trabajar.

4 Estamos ________ contra de la situación peligrosa en las calles, por eso ________________ hoy.

5 Hay ________________________ europeas que ayudan ________ los jóvenes en paro.

6 España entró ________ la ________________________ en 1986.

p. 143/3

2 Vivo en España

Lee los testimonios de las páginas 24 y 25 del libro y relaciona las dos partes de cada frase según los textos. Hay dos opciones (A-L) que no necesitas.

1 Cristina ha conocido otros países europeos
2 Este año Cristina y su hermano han conocido a jóvenes de muchos países
3 El hermano de Sergio está en paro,
4 Muchos amigos del hermano de Sergio se han ido al extranjero para trabajar
5 Eloína vive en un barrio
6 La gente del barrio de Eloína ha hecho una fiesta en el parque
7 La familia de Ibou no tiene ninguna oportunidad en Senegal,
8 Ibou necesita papeles para poder trabajar legalmente,
9 Tanja estuvo primero de vacaciones en España
10 Tanja vive con una familia española

A para celebrar el Día de la Independencia.
B con la que está muy contenta.
C por eso él tuvo que ir a España.
D con todos sus amigos.
E sin embargo, todavía no los tiene.
F porque en España no hay mucho trabajo actualmente.
G y ahora está haciendo un intercambio en un instituto español.
H porque no gana mucho dinero.
I y el próximo año quieren hacer otro intercambio.
J pero él prefiere quedarse en España.
K porque ha participado en intercambios juveniles internacionales.
L donde hay mucha gente ecuatoriana.

3 Un juego de rol

a **Estás en un encuentro internacional de jóvenes. Primero inventa quién eres. Rellena la ficha con tus características.**

b **Caminad por la clase y hablad con vuestros compañeros. Intentad encontrar a una persona con características/intereses parecidos. Al final presentad a vuestra pareja.**

Nombre: ________________

Edad: ________________

Nacionalidad: ________________

Lenguas: ________________

Carácter: ________________

Actividades de tiempo libre: ________________

Me gusta/n: ________________

Gr
p. 10/8.8.3

4 La chica de intercambio

a Celia y Raquel hablan de Tanja, la nueva chica de intercambio de su instituto. Completa el diálogo con los verbos de las casillas en pretérito perfecto.

charlar | conocer | decir | hacer | hablar | saludar | ver | volver

RAQUEL: Celia, hoy (1) ____________________ (yo) a la chica alemana de intercambio. ¿Tú ya la (2) ____________________ ?
CELIA: No, todavía no. ¿(3) ____________________ (tú) con ella?
RAQUEL: Pues sí, un poco. Esta mañana Luis y yo la (4) ____________________ y (5) ____________________ un rato con ella.
CELIA: ¿Ah, sí? ¿Qué (6) ____________________ (ella)? ¿Está contenta en España?
RAQUEL: Sí, está muy bien. El año pasado vino por primera vez a España y ahora (7)____________________.
CELIA: Ah, ¿ya (8) ____________________ dos intercambios?
RAQUEL: No, no, es su primer intercambio. El año pasado hizo un viaje a Málaga con sus padres.

abrir | enviar | hacer | escribir | ir | jugar | leer | salir | ver

CELIA: Qué bien. ¿Y adónde (9) ____________________ (ella) hasta ahora? ¿(10) ____________________ (ella) algo de Madrid?
RAQUEL: Pues ya (11) ____________________ muchas cosas: vive con la familia de Santi y ellos (12) ____________________ algunas veces con Tanja. Además, esta semana (13) ____________________ (ella) al fútbol con los primos de Santi. Santi y ella (14) ____________________ a una exposición en su barrio y (15) ____________________(ella) su primera película en español.
CELIA: Vaya, (16) ____________________ (ellos) muchas actividades. Otra cosa, Raquel, ¿ya (17) ____________________ (tú) tus e-mails? Gilberto nos (18) ____________________ varios, (19) ____________________ (él) mucho.
RAQUEL: ¿Ah, sí? No, todavía no (20) ____________________ mi app de e-mail. Enseguida los miro.

b En clase escribid las formas del verbo auxiliar *haber* y los participios en las tablas de la página 79.

5 Todo perfecto

a Lorena y Javi, dos compañeros de clase de Celia hablan en el recreo. ¿Qué dicen? Completa las respuestas de Javi con las formas correctas del pretérito perfecto. Después inventa las preguntas de Lorena usando el mismo tiempo verbal y los marcadores adecuados.

LORENA:	JAVI:
1 ____________________	No, todavía no lo ____________________ (hacer/yo).
2 ____________________	No, no ____________________ (estar/ella) nunca ahí.
3 ____________________	La ____________________ (ver/nosotros) hoy por la mañana.
4 ____________________	Ya ____________________ (ponerse/yo) en contacto con ellos.
5 ____________________	¿El viaje? ¡ ____________________ (ser) fantástico!
6 ____________________	Hoy ____________________ (levantarse/él) tarde.
7 ____________________	Este año ____________________ (ir/nosotros) dos veces.
8 ____________________	Hasta ahora no me ____________________ (traer/ellas) nada.

b Has hecho una encuesta en internet. Inventa cinco respuestas como en a). Tu compañero/-a escribe las preguntas para tus respuestas.

p. 147/6c

6 Hola, primo

Es viernes por la noche e Iker escribe un e-mail a su primo Rafael contándole cómo ha pasado el día. Inventa qué ha hecho Iker durante el día. Escribe un e-mail de unas 100 palabras con las siguientes expresiones.

por la mañana | llegar tarde al instituto | todavía no | el examen de Inglés | difícil | hasta ahora | esta tarde | ya | decidir | el intercambio | el idioma

Gr
p. 6/3.5

7 Las preguntas de Pilar Pesada

a Pilar, una compañera de Raquel, quiere saber todo sobre Buena Onda. Completa el diálogo con la forma correcta de *alguno* o *ninguno*.

PILAR: Raquel, ¿ya habéis entrevistado a (1) ______________ persona famosa?
RAQUEL: Sí, ya hemos hecho entrevistas a (2) ______________ personas famosas. Ale y Celia han hablado con (3) ______________ actores. Pero yo todavía no he hecho (4) ______________ entrevista a famosos.
PILAR: Ah. ¿Y no habéis hablado con (5) ______________ deportista? Con un futbolista del Barça, por ejemplo.
RAQUEL: Pues no, no hemos entrevistado a (6) ______________.
PILAR: Mm ... ¿y habéis entrevistado a (7) ______________ famoso de Latinoamérica?
RAQUEL: Sí, sí, Gilberto conoce a (8) ______________ actores colombianos.
PILAR: ¿Solo a actores? ¿No conoce a (9) ______________ deportista? ¿Ni a (10) ______________ cantante?
RAQUEL: No, solo a actores. ¿Tienes (11) ______________ pregunta más, Pilar?
PILAR: No, de momento no tengo (12) ______________ más.

b Pilar sigue preguntando. Contesta a sus preguntas usando la forma correcta de *alguno o ninguno.*

1 ¿Has visto alguna película en español? ______________
2 ¿Tienes cantantes favoritos? ______________
3 ¿Conoces a actores peruanos? ______________
4 ¿En tu barrio/pueblo hay tiendas de ropa? ______________
5 ¿Tienes fotos en tu habitación? ______________

8 A corregir

Tanja escribe un e-mail a una amiga. Corrige los errores y escribe las palabras correctas en las líneas.

¿Que tal estás? Ya sabes que el mes pasado compraba una entrada para un concierto de Ozuna a Madrid y ayer ha sido el día del concierto. ¡Fue genial! Hoy yo me he despertado muy contenta. Me he levantado rápida y he puesto mi cancion favorita de el. ¿Conoces al Ozuna? Es un cantante y actor puertorriqueño mucho famoso. Su música reguetón es bien. El año pasado también vinó a Madrid, pero no podía ir. Ayer disfrutí mucho del concierto. ¿Y tú? Has tenido un exámen dificilmente de Lengua esta semana, ¿verdad?
un abrazo,
Tanja

9 Un intercambio juvenil

p. 151/8.1

a Mirad los programas de intercambios juveniles en Europa y comparadlos. ¿Cuál de ellos os interesa hacer? ¿Por qué? Discutidlo en parejas y usad las expresiones de la página 29 del libro.

b Asier, un amigo de Celia, ha hecho un intercambio este verano. Escucha el diálogo entre los dos. ¿De qué intercambio están hablando?

INTERCAMBIO 1

País: Finlandia ■ Ciudad: Äänekoski
Título: Tradición y aventura

Fechas: del 30 de julio al 6 de agosto
Edades: 15–18 años ■ Precio: 450,00 €

Criterios de selección:
- saber inglés y/o finés
- saber nadar
- haber hecho actividades relacionadas con acampada, orientación, piragüismo o rafting

Qué vamos a hacer:
- actividades sobre los medios de transporte del pasado y del presente
- inventar juegos sobre las tradiciones de nuestros países
- conocer la naturaleza de Finlandia y las costumbres de su gente
- una excursión de 3 días por el lago Keitele, durmiendo en una isla
- disfrutar de una sauna cada día

Dónde vamos a dormir:
- en tiendas de campaña y en cabañas

INTERCAMBIO 2

País: Alemania ■ Ciudad: Neuerburg
Título: La cultura europea

Fechas: del 27 de julio al 4 de agosto
Edades: 14–16 años ■ Precio: 425,00 €

Criterios de selección:
- saber alemán y/o inglés
- haber realizado cursos relacionados con los medios de comunicación
- haber realizado cursos de teatro, dibujo o fotografía

Qué vamos a hacer:
- discutir sobre la realidad europea desde el punto de vista de la cultura, como una Europa multicultural
- hacer cursos de teatro, dibujo, fotografía, internet y vídeo
- actividades deportivas, actividades para el tiempo libre y una visita por la región Eifel-Ardennen, Trier y al parque natural “Hohes Venn”

Dónde vamos a dormir:
- en un albergue juvenil situado en un castillo

INTERCAMBIO 3

País: Italia ■ Ciudad: Turín
Título: Unidos por Europa

Fechas: del 2 al 10 de julio
Edades: 14–18 años ■ Precio: 380,00 €

Criterios de selección:
- saber inglés y/o italiano
- haber hecho actividades de teatro o baile

Qué vamos a hacer:
- expresar diferentes aspectos de nuestra vida a través del teatro
- analizar diferentes temas de actualidad
- aprender a convivir juntos y conocerse, conocer diferentes culturas y tradiciones

Dónde vamos a dormir:
- en un albergue juvenil

c Escucha otra vez y marca las actividades que corresponden a las experiencias de Asier.

p. 144/4.1

1 

2 

3 

4 

5 

6 

7 

8 

d Marca con una cruz las frases correctas.

1 Celia quiere participar en ...
- a un intercambio en España.
- b un intercambio con Asier.
- c un intercambio el próximo verano.

2 En el intercambio Asier hizo ...
- a dos talleres y varias excursiones.
- b todos los talleres interesantes.
- c dos cursos de deporte.

3 A Celia el intercambio le parece ...
- a difícil.
- b muy interesante.
- c un poco aburrido.

Gr
p. 8/6

10 Una mañana especial

Jaime es un compañero de Raquel. ¿Cómo es y qué le ha pasado hoy? Completa con las palabras que faltan o con las formas correctas del adjetivo o del adverbio de las casillas.

bonito | rápido | tranquilo | normal | simpático | alegre

Jaime es un chico (1) __________ y (2) __________. Vive (3) __________ sus padres en un barrio (4) __________ cerca del centro. (5) __________ ir al instituto coge (6) __________ el autobús a las 7:30. Pero hoy se ha levantado demasiado tarde. Ha desayunado (7) __________ y ha llegado (8) __________ a la parada de autobús. Al final ha tenido (9) __________ ir a pie hasta el instituto. Cuando ha llegado ha visto a su amiga Raquel que lo ha llamado (10) __________.

nuevo | bueno | tranquilo

JAIME: ¿Qué pasa? ¿(11) __________ llegado tarde también?
RAQUEL: No, pero el instituto está cerrado. No hay (12) __________.
JAIME: ¡No tenemos clase! ¿Qué hacemos ahora?
RAQUEL: ¿Por qué no vamos a mi casa, desayunamos (13) __________ y escuchamos Buena Onda? Hay un programa (14) __________ con Gilberto.
JAIME: (15) __________, es una (16) __________ idea. ¡Vamos!

p. 143/3

11 Una entrevista a Raquel

Lee el texto 11 de la página 30 del libro. Marca con una cruz si las frases son verdaderas o falsas o si la información no está en el texto. Escribe también en qué línea(s) está la información en el texto y corrige las frases falsas.

	v	f	nt	línea(s)
1 Celia entrevista a Raquel porque Raquel ha presentado el Día Mundial de la Diversidad Cultural en la radio.				
2 Los platos internacionales que han preparado los alumnos están muy ricos.				
3 Raquel cree que es importante protestar contra los prejuicios hacia otras culturas.				
4 Muchos profesores han participado en la organización del Día de la Diversidad Cultural.				
5 Hace mucho tiempo los padres de Raquel vinieron a Madrid para estudiar.				
6 Raquel visita todos los años a sus primas de Marruecos.				
7 Antes del viaje Raquel conocía algunas de las diferencias culturales entre España y Marruecos.				
8 El viaje a Marruecos le gustó mucho a Raquel aunque no habla árabe.				

Gr
p. 11/8.8.4

12 La semana de la diversidad

Celia escribe en el foro de Buena Onda cómo se ha celebrado el Día Mundial de la Diversidad Cultural en su instituto. Marca en azul los marcadores que van con el pretérito perfecto y en rojo los que van con el pretérito indefinido. Después completa con las formas correctas de los verbos.

¡Hola a todos y todas!

Esta semana (1) ______________ (celebrar/nosotros) el Día Mundial de la Diversidad Cultural en nuestro instituto y (2) ______________ (ser) todo un éxito. (3) ______________ (participar) todo el insti, alumnos y profes. El mes pasado un grupo de alumnos (4) ______________ (quedar) para decidir qué hacer. (5) ______________ (discutir/ellos) sobre muchos temas.

El miércoles por la tarde (6) ______________ (poder/nosotros) disfrutar de un concierto fantástico. Ayer, jueves, un grupo de alumnos (7) ______________ (hacer) una exposición de fotos muy originales sobre la diversidad cultural. Esta mañana algunos compañeros de mi clase (8) ______________ (preparar) comida típica de varios países. Raquel, por ejemplo, (9) ______________ (traer) un plato típico de Marruecos. Bin, un chico de China, (10) ______________ (preparar) té verde para todos. Sarah, de madre alemana, (11) ______________ (hacer) una ensalada de patatas. Hay mucha variedad y no (12) ______________ (probar/yo) todo. Esta tarde (13) ______________ (haber) una película muy interesante sobre las diferentes culturas en nuestro país. La semana (14) ______________ (ser) una experiencia única y (15) ______________ (venir) muchas personas a celebrarlo con nosotros. Aquí os dejo unas fotos que (16) ______________ (hacer/yo) estos días.

13 En el recreo

p. 144/4.1

a **Eloína, Pablo y Claudio charlan en el recreo. Escucha el diálogo. ¿De qué están hablando? Escribe la respuesta en la línea.**

____

b **Escucha otra vez y relaciona cada frase con uno o dos de los jóvenes. Marca los nombres con una cruz.**

	Eloína	Pablo	Claudio
1 Vive en Madrid desde hace tres años.			
2 Echa de menos su país.			
3 Llevó comida típica de su país a la fiesta.			
4 Nació en otro país y vino a vivir a España.			
5 Le gusta vivir entre dos culturas.			
6 Vivió un año en el extranjero.			
7 Tiene amigos en México.			
8 Le encantó el concierto de música marroquí.			
9 Fue al concierto de hip hop mexicano.			

14 Los dos viajes de Iker

Este verano Iker ha estado en Barcelona en casa de sus primos. El año pasado también estuvo allí. Completa las frases con los verbos de las casillas en pretérito perfecto o en pretérito indefinido.

estar | ganar | gustar | ir | jugar | pasar | poder | ver | visitar

El año pasado Iker (1) ____________ las vacaciones de verano en Barcelona en casa de sus primos. Le (2) ____________ tanto que este verano (3) ____________ otra vez en Barcelona. El verano pasado su madre y él (4) ____________ juntos a Barcelona pero este año Iker (5) ____________ a Barcelona solo. Entonces Iker y su madre no (6) ____________ visitar la Sagrada Familia, pero este año Iker la (7) ____________. Después (8) ____________ toda la tarde en el Barrio Gótico y por la noche Iker y sus primos (9) ____________ al Camp Nou para ver un partido del FC Barcelona. El año pasado también (10) ____________ un partido pero el equipo no (11) ____________. Esta vez el equipo (12) ____________ mejor.

15 La entrevista de Sergio

En parejas haced el ejercicio tándem de la página 72.

16 Hoy y ayer

a **Eloína habla sobre su vida. ¿Qué ha hecho hoy y qué hizo ayer? Forma frases como en el ejemplo.**

Ejemplo
Hoy me he levantado a las 6.
Ayer me levanté a las 7:30.

~~levantarse a las 6/7:30~~ • desayunar mucho/poco • escribir a dos/tres amigas • ir a la playa/al instituto de idiomas • jugar al fútbol/baloncesto • ver una película en inglés/francés • hacer los deberes con mi hermano/sola • volver temprano/tarde a casa

b **¿Y tú? ¿Qué has hecho hoy después de despertarte? ¿Y qué pasó ayer en tu casa o en el instituto? Compara los dos días usando el pretérito perfecto y el pretérito indefinido. También puedes inventar cosas.**

17 Una experiencia única

a **Estás pasando dos semanas en un intercambio juvenil internacional en España donde has conocido a gente de varios países. El tema del intercambio es "La diversidad cultural en el mundo". Participas en muchas actividades y vives muchas experiencias. Escribe un texto de unas 90 palabras para el foro de Buena Onda y cuenta qué haces, cómo te encuentras y cómo y de dónde son los jóvenes.**

p. 150/7

b **Lee el punto 7 de las estrategias y corrige tu texto.**

p. 155/9b

18 Dos estadísticas

España no solo es un país de inmigración, sino también de emigración. En parejas describid las estadísticas y comparadlas. Las expresiones de la página 155 de las estrategias os pueden ayudar. ¿Qué os llama la atención y por qué?

El país y la gente

Con el comienzo de la crisis económica en el año 2008 un gran número de españoles emigró a otros países para buscar trabajo. Según una estadística del año 2019 la tasa de paro de los jóvenes españoles de entre 15 y 24 años es de 33,7 %, un porcentaje extremadamente alto comparado con el promedio europeo que es de 14,5 %.

1: españoles que viven en el extranjero			
1. Francia	262448	6. Países Bajos	28250
2. Alemania	160727	7. Andorra	26030
3. Reino Unido	139263	8. Italia	24540
4. Suiza	121515	9. Portugal	13375
5. Bélgica	65587	10. Marruecos	10848

2: gente con origen extranjero que vive en España			
1. Marruecos	682515	6. Colombia	160111
2. Rumanía	675086	7. Ecuador	140032
3. Reino Unido	285698	8. Alemania	139096
4. Italia	221781	9. Bulgaria	125244
5. China	183387	10. Francia	106508

p. 155/10

19 Entre idiomas

Joshua, der Bruder einer spanischen Freundin, hat kürzlich seine Krankenpfleger-Ausbildung beendet, in Spanien jedoch keine Arbeit gefunden. Nun möchte er für erste Arbeitserfahrungen nach Deutschland gehen. Um ihm zu helfen, hast du recherchiert und diesen Artikel gefunden. Teile Joshua in einer E-Mail (ca. 100 Wörter) mit,

- aus welchen Gründen Daniel und Paloma nach Deutschland gegangen sind,
- warum sich Paloma dazu entschied zu bleiben, während Daniel in die spanische Heimat zurückkehrte,
- was Daniel in Deutschland besonders vermisste und welchen Herausforderungen er sich stellen musste.

Als Daniel Oblanca Cuellar am 13. Juni 2013 abends um halb neun in Deutschland ankam, war es noch hell, aber die Geschäfte waren schon geschlossen. In Spanien eine unvorstellbare Situation. [...] Paloma Cortés erinnert sich nicht mehr an ihre Ankunft in Deutschland [...]. Wohl aber daran, was sie empfand: Lust und Neugier. „Es war mein Moment", sagt sie fast fünf Jahre später.

[...] Paloma Cortés und Daniel Oblanca haben in León und Madrid Krankenpflege studiert, als die Wirtschaftskrise in ihrem Land begann . [...] Irgendwann im Lauf des Studiums eröffneten ihnen ihre Professoren, dass sie in Spanien wohl keine Arbeit finden würden. Und so war es auch. Also kamen die beiden nach Deutschland.

Damals hatten sie praktisch keine andere Wahl. Die wirklich große Entscheidung für sie und unzählige andere Spanier steht jetzt an: zurückgehen oder für immer bleiben? „Volver o quedarse?" Daniel Oblanca hat in diesem Frühjahr seine Koffer gepackt. Paloma Cortés hingegen hat sich entschieden, dauerhaft in Deutschland zu bleiben.

Dabei war es Oblanca [...], der sich anfangs vorstellen konnte, für immer zu bleiben. Dieses Gefühl änderte sich im Lauf der Zeit. In Spanien dauern die Krankenpflege-Schichten sieben Stunden, hier sind es neun. Weil er um sieben Uhr morgens anfing zu arbeiten, ging er zu einer Zeit ins Bett, zu der er in Spanien in den Abend startete. Es fühlte sich so an, als würde sein Leben in Deutschland nur aus Arbeit bestehen. Dazu kamen die Sprachbarriere, die fehlende Sonne, die Sehnsucht nach der Heimat. Heute sagt er: „Mit 25 bin ich noch jung, aber ich denke auch an meine Zukunft." Die will er mit seiner Familie und mit [den] Freunden verbringen, [...] die schon sein ganzes Leben lang seine Freunde sind.

Paloma Cortés hingegen wollte anfangs sechs oder acht Monate bleiben, Deutsch lernen, ein bisschen jobben, dann zurückkehren. Es kam anders. „In Deutschland gibt es viele Regeln, und das finde ich toll", sagt die Siebenundzwanzigjährige. Die Straßen und öffentlichen Plätze seien sauber, im Bus und in der Straßenbahn sprächen die Menschen mit gedämpfter Stimme. Konflikte würden ruhiger ausgetragen. In Spanien sei es ihr zu laut und chaotisch. Sie fühle sich in Deutschland entspannter. Ihre Zukunft sehe sie hier.

Wieder gehen – oder für immer bleiben?, FAZ.NET vom 15.07.2017 von Leonie Feuerbach?

20 Espacio cultural

Leed otra vez el párrafo 4 del texto "El viaje de Ana" de la página 36 del libro y discutid en clase.

1 Según el texto, ¿qué estereotipo o imagen tienen los españoles de los alemanes? ¿Conocéis más estereotipos sobre los alemanes? ¿Son esos estereotipos verdaderos?
2 Y si vosotros pensáis en un/a español/a, ¿qué imágenes tenéis?
3 ¿Creéis que los estereotipos en general son algo positivo o negativo? ¿Por qué?

21 A tu manera

Elige una actividad.

1 En grupos de tres buscad en internet un "diccionario online de arabismos". Escribid un poema o un trabalenguas con las palabras españolas de origen árabe que os gusten. Explicad el vocabulario a vuestros compañeros y presentad el poema o el trabalenguas en clase.
2 En parejas leed de nuevo el ejercicio 23 de la página 35 del libro. Trabajáis en una empresa alemana que busca trabajadores cualificados en España. Cread una campaña de marketing (en español) para España dando una imagen de Alemania que pueda ser atractiva para los candidatos españoles.
3 Imagina que tienes que emigrar. Describe las ventajas y desventajas de vivir y trabajar en el extranjero. Presenta tus ideas en clase.

p.143/3

22 Rincón de lectura

a Lee el texto y marca todo lo que entiendes. Después explica a tu compañero/-a las partes que has entendido y marca también lo que entiendes gracias a la explicación de tu compañero/-a. Para entender las partes que siguen sin color usad un diccionario.
b ¿Cómo es Solomon? Descríbelo apuntando toda la información que el texto da sobre él.
c Comenta lo que dice la profesora en las líneas 32-35 sobre los medios de comunicación. ¿Estás de acuerdo? ¿Por qué (no)? Discutid en clase.

Es el primer día después de las vacaciones y en clase los alumnos hablan de la inmigración. Un alumno dice que Solomon, otro alumno, puede decir mucho sobre este tema.

—Pero ¿qué dice? —protesta Solomon. Yo soy de aquí.
—Pues para ser de aquí, eres bastante diferente a los demás...
Miro a Solomon, que es guapísimo: los cabellos muy negros y rizados, la piel muy oscura, los ojos de carbón y la nariz ancha.
—¡Qué gracioso! —dice Solomon. Como si no supieras que nací en Etiopía y que me adoptaron cuando tenía ocho meses. A los nueve meses ya estaba aquí con mi familia. Yo no soy inmigrante.
—Es verdad —dice Ana—. No se te puede considerar inmigrante porque tu familia es de aquí, tienes la nacionalidad de aquí y tu cultura es la de aquí...
—¡Eh! Un momento, mi cultura es la de aquí, pero mi familia también ha querido que conozca cosas de mi cultura de origen. [...] También conozco la música de mi país —continúa Solomon—. Y mi padre y mi madre me llevaron a visitar la ciudad donde nací: Góndar...
—Pues está muy bien que conozcas tus orígenes, pero, insisto, tú no eres inmigrante.
—No, no lo soy. [...]
—¿Sabéis qué? —dice Marcelo, con cara de sorpresa absoluta—. Siempre que pensaba en inmigrantes no pensaba en Nadia, sino en gente que da problemas...
—Ostras tío. ¡Qué fuerte!
—¡Qué ideas de bombero!
—¡Eh! Que esto no lo he inventado yo. Que lo he pensado por lo que oigo en el telediario. Siempre que hablan de las personas inmigrantes, hay algún problema.
—Esto es un esterotipo —dice [la profesora]. Y tiene razón Marcelo que los medios de comunicación focalizan y amplifican determinadas situaciones que son problemáticas [...] y nunca hablan de las situaciones positivas, que son la mayoría. Esto hace que la gente lo generalice y asocie siempre las personas inmigrantes con problemas. Pero para eso hacemos este debate, para desmontar estereotipos y para ver las cosas claras.

Lienas, Gemma: El diario naranja de Carlota. Barcelona: Ediciones Destino 2011.

Gr 1, p. 17

23 De Barcelona a Berlín

a **Eric y su novia Clara, dos jóvenes de Barcelona, han decidido irse a Alemania. Un día antes de la salida, sus amigos y sus padres les dan algunos consejos[1]. Forma frases con el imperativo de *tú* y de *vosotros*.**

Ejemplo
Eric / llamar a la abuela antes de irte
→ Eric, llama a la abuela antes de irte.

1 Clara / escribir postales a toda la familia ______

2 Eric y Clara / volver en verano ______

3 Eric / enviarnos e-mails y mensajes ______

4 Eric y Clara / levantarse temprano mañana ______

5 Eric / probar la comida alemana ______

6 Clara / contarme todo sobre Alemania ______

7 Eric / hacer la maleta[2] hoy ______

8 Eric y Clara / llevarse ropa de invierno ______

b **Eric ya está en Berlín. Quiere visitar a su amigo Juan pero no conoce el camino a su casa. Antes de llegar recibe varios mensajes de Juan. Completa las frases con los verbos correctos en imperativo.**

bajar coger pasar pensar ser subir

(1) ______ en traer los libros de tu primo.

(2) ______ puntual, por favor.

(3) ______ el metro y (4) ______ en Eisenacher Straße. Luego (5) ______ en Grunewaldstraße. (6) ______ por delante de la iglesia y en la esquina ya ves mi casa. (7) ______ al segundo piso[3].

24 Ordenamos las palabras

Relaciona los verbos de la izquierda con las palabras de la derecha. Escribe con cada solución una frase.

estar • emigrar • conseguir • protestar • tener • ser • vivir • organizar

de origen español • entre culturas • la oportunidad • una exposición • en paro • contra algo • los papeles • al extranjero

______

______

______

______

______

______

1 **el consejo** der Ratschlag | 2 **hacer la maleta** den Koffer packen | 3 **el piso** das Stockwerk

1 Palabras

una palabra correcta = 0,5 puntos ☐ de 5

Escribe el antónimo (≠) o el sinónimo (=) de cada palabra.

1 nadie ≠ ______

2 acordarse = ______

3 alguna ≠ ______

4 viejo ≠ ______

5 la muerte ≠ ______

6 el sitio = ______

7 espectacular ≠ ______

8 de repente = ______

9 la fiesta = ______

10 normal ≠ ______

2 Leer

un número correcto = 0,5 puntos + una fecha correcta = 0,5 puntos ☐ de 6

a **Para la fiesta del Día Mundial de la Diversidad Cultural, Raquel y sus compañeros prepararon una exposición de biografías y fotos de gente de origen extranjero. Lee la de Naim, el padre de Raquel, y ordena los dibujos según el texto.**

b **¿A qué año o años corresponden los dibujos de a)? Escribe la respuesta debajo de cada dibujo.**

Nací en 1970 en Xauen, una ciudad pequeña del norte de Marruecos. Fui el cuarto de cinco hermanos. Mi familia no tenía mucho dinero, pero vivíamos bien. Cuando yo tenía cuatro años, mis padres abrieron una tienda de tés en la que también trabajaba mi hermano mayor. Además, mi madre era conocida en toda la ciudad porque ayudaba a la gente enferma con productos naturales. A mí me encantaba verla trabajar y la ayudaba todas las tardes después del colegio. Cuando era pequeño ya sabía que quería ser médico.

Yo sabía hablar español bastante bien porque lo había estudiado en el colegio de los doce a los dieciséis años. Por eso, y también porque me interesaba mucho el país, decidí estudiar en España. Pero mis padres no tenían dinero para enviarme al extranjero, así que trabajé mucho durante tres años para conseguirlo.

Llegué a Madrid en la primavera de 1991, y en octubre empecé la universidad. Todo era nuevo, y las clases de la universidad me encantaban. Pero Madrid era muy diferente a Xauen y no todo era fácil. A veces tenía problemas con el idioma y, sobre todo, echaba de menos a mi familia. Por suerte, un año después mi hermana Aisha vino a Madrid para estudiar. Fue fantástico vivir esa experiencia con ella.

Tres años después de llegar a España conocí a una chica fantástica en el bar de la universidad. Primero nos hicimos buenos amigos ... y dos años después nos casamos.

En 1997 terminé la universidad y encontré mi primer trabajo como médico. Un tiempo después nació mi hija Raquel. Fue el día más feliz de mi vida.

______

______

______

______

______

______

3 Gramática

un verbo correcto = 0,5 puntos ___ de 7,5

Pablo, un compañero de Raquel y Celia que estuvo un año en México con su familia, escribe un comentario en el foro de Buena Onda contando sus experiencias en ese país. Completa el texto con la forma correcta del pretérito indefinido o del pretérito imperfecto.

aburrirse | coger | conocer | empezar | esperar | hacer | invitar
llamarse | llegar | presentar | salir | ser | tener | venir | vivir

(1) ______________ (nosotros) a Puebla, México, a finales de agosto. La ciudad (2) ______________ bonita y (3) ______________ buen tiempo, pero en México todavía no (4) ______________ (yo) amigos y por las tardes mi hermano y yo (5) ______________ un poco.

Un día (6) ______________ (nosotros) de casa para ir al centro de la ciudad y, mientras (7) ______________ el autobús, un chico de mi edad (8) ______________ a hablar con nosotros. (9) ______________ el mismo autobús que nosotros. (10) ______________ Manuel y (11) ______________ en nuestro barrio. Al día siguiente nos (12) ______________ a sus amigos, que nos (13) ______________ a jugar al fútbol con ellos.

En septiembre (14) ______________ el colegio y allí (15) ______________ (nosotros) a nuestros compañeros de clase. Todavía chateo mucho con ellos.

4 Hablar

una frase correcta = 1 punto ___ de 6

Was sagst du, wenn ...

1 dir etwas peinlich ist?

____

2 etwas ein Zufall ist?

____

3 du erschrickst?

____

Was fragst du jemanden, wenn du wissen möchtest, ...

1 ob er/sie sich gut mit seinen/ihren Eltern versteht?

____

2 ob er/sie mit etwas einverstanden ist?

____

3 was er/sie noch nie gemacht hat?

____

5 Escuchar

una respuesta/frase correcta = 1 punto ☐ de 8

a **Isabel e Ignacio, dos compañeros de Celia y Raquel, hacen una encuesta en el instituto. Escucha el diálogo. ¿De qué trata la encuesta y con cuántas personas hablan?**

___

b **¿De qué países hablan los jóvenes? Apúntalos.**

___

c **Escucha otra vez y completa las frases.**

1 Los padres de José Andrés vinieron a España porque ___.

2 Algún día los padres quieren ___.

3 José Andrés dice que durante las vacaciones ___.

4 Samira es ___ y sus padres son ___.

5 Samira vive en Madrid desde ___.

6 En España la situación no fue fácil para sus padres porque ___.

6 Escribir

Decide con un/a compañero/-a cuántos de los 8 puntos recibes. Valorad el uso del idioma (= 4 puntos) y el contenido (= 4 puntos). ☐ de 8

Escribe para tu blog una entrada sobre un día o un momento especial de cuando eras pequeño/-a. Puedes hablar de un cumpleaños, de tu primer día de colegio, un recuerdo divertido u otra cosa. Escribe 50 palabras.

___

___

___

___

___

___

Auswertung ☐ von 40,5

0 — 40,5

Gib nicht auf, die Lerntipps helfen dir. | Das geht bestimmt noch besser! | Sehr gut! Mach weiter so!

Lerntipps

palabras	Wiederhole den Lernwortschatz der *Unidades* 1 und 2. Tipps zum Vokabellernen findest du in den Estrategias auf S. 142.
leer	Sieh dir die Bilder genau an und formuliere für jedes einen kurzen Satz auf Spanisch. Lies dir dann den Text in Ruhe durch und suche nach Schlüsselwörtern, die zu den Bildern passen könnten. Tipps zum Lesen findest du im Buch auf S. 143-144.
gramática	Überlege, wann man das *imperfecto* und wann das *indefinido* verwendet, die *marcadores* helfen dir dabei. Im Grammatikheft auf S. 13 findest du alle wichtigen Informationen zum Gebrauch dieser Vergangenheitszeiten.
hablar	Wiederhole die Vokabeln der *Unidades* 1 und 2.
escuchar	Lies dir zunächst die Aufgaben genau durch. Konzentriere dich dann beim Hören gezielt auf die Informationen, die du zum Bearbeiten der Aufgaben benötigst. Tipps zum Hören findest du im Buch auf S. 144-145.
escribir	Auch hier musst du das *imperfecto* und das *indefinido* beachten. Überprüfe mithilfe der Checkliste auf S. 150 im Buch abschließend deinen Text.

1 Mi medio de comunicación favorito

a **Escribe debajo de cada dibujo el nombre del medio de comunicación correspondiente con el artículo determinado.**

A 

B 

C 

D 

E 

F 

G 

H 

p. 144/4.1

b **Laia e Iker hablan del resultado de la encuesta sobre los medios de comunicación. Escucha el diálogo y relaciona cada pregunta con el dibujo correspondiente de a). ¡Ojo! Puedes usar el mismo dibujo más de una vez.**

1 ¿Qué medio de comunicación es el que más usan los radioyentes? ☐

2 ¿Qué medio le gusta a Jesús? ☐

3 ¿Dónde ve Iker reportajes de deporte? ☐

4 ¿Qué medio usa muy poco Laia? ☐

5 ¿Cuál es el medio favorito de Laia? ☐

6 ¿Cuál es el medio que más usa Iker? ☐

7 ¿Qué medio usa Laia en el metro? ☐

8 ¿Qué medio es el que menos usan los radioyentes? ☐

p. 143/3

2 En internet

Lee el texto 3 de la página 46 del libro y marca con una cruz si las frases son verdaderas o falsas o si la información no está en el texto. Después corrige las frases falsas.

	verdadero	falso	no está
1 Para Celia el tema de la semana pasada fue aburrido.			
2 Antes de poner tu foto, pregunta a tus padres.			
3 No quedes nunca con personas desconocidas.			
4 No escribas cuántos años tienes cuando chateas.			
5 Solamente baja aplicaciones de páginas seguras.			
6 No le digas tus contraseñas a nadie.			
7 No uses una webcam delante de tus amigos.			

3 ¿Tecnofóbico[1] o tecnofílico[2]?

Con este test vas a descubrir si eres tecnofílico o tecnofóbico. Elige la respuesta más adecuada para cada pregunta. Después lee tu resultado: WES-112639-002.

1. Cuando te despiertas por la mañana, enseguida ...
a) te levantas, te duchas y vas a desayunar.
b) miras el móvil.
c) escribes en tu red social favorita que ya te has despertado.

2. Quieres separarte de tu novio/-a. ¿Qué haces?
a) Quedas con él/ella y le explicas por qué quieres dejarlo/-la.
b) Le mandas un mensaje al móvil.
c) Solo cambias tu estado en las redes sociales.

3. Recibes una carta[3]. ¿Qué piensas?
a) ¡Genial! Mando cartas de vez en cuando, y recibir una siempre me hace mucha ilusión.
b) Normalmente no recibo cartas, tiene que ser algo muy importante.
c) Pero ... ¿esto qué es? Algo que no he visto en mi vida.

4. Estás de vacaciones. Acabas de llegar a una playa impresionante y ...
a) ni te lo piensas: ¡al agua!
b) sacas un montón de fotos y después, al agua.
c) sacas una foto con el móvil y la subes a tu red social favorita. ¡A ver qué comentan tus amigos!

5. Vas en tren. ¡Un viaje de 4 horas! ¿Qué haces?
a) Te llevas un buen libro y hablas con la persona de al lado.
b) Escuchas música en el móvil y miras el paisaje.
c) Lo mismo que en casa: coges el móvil y lees mensajes, escribes, ves fotos, comentas ...

6. ¿Conoces a todos tus amigos de las redes sociales?
a) ¿Redes sociales? ¡Ya no están de moda!
b) Sí, a casi todos.
c) ¿A mis 2679 amigos? ¡Imposible!

Gr
p. 16/8.9

4 Cosas de hermanos

a **Iker está estudiando en su habitación. Sus hermanos Borja y Bernat están un poco pesados esta tarde. Forma ocho frases con sentido usando un elemento de cada grupo. Usa el imperativo negativo como en el ejemplo.**

Ejemplo
Chicos, no escribáis en mi libro de Física.

Borja, Bernat, Chicos,	entrar • ir • leer • salir • coger • escribir • poner • jugar	en mi libro de Física • mis revistas de surf • a mi habitación cada cinco minutos • solos al parque • mi móvil para jugar • ese bocadillo encima de mis libros • con mi tableta • solos a la calle

b **Tu compañero/-a también está muy pesado/-a hoy. Inventa para él/ella cuatro órdenes negativas como las de a). Él/Ella también inventa cuatro para ti.**

c **En clase escribid las formas del imperativo negativo en las tablas de la página 79.**

1 **tecnofóbico/-a** technikfeindlich | 2 **tecnofílico/-a** technikbegeistert | 3 **la carta** der Brief

5 En clase

Cuando la profesora entra en la clase todo está desordenado. En parejas mirad el dibujo y decid las órdenes que da la profesora a sus alumnos. Usad el imperativo afirmativo y negativo.

Ejemplo
Luis, no discutas con Diego. Hablad en el recreo, por favor.

6 Una semana sin móvil

a Imagínate que no tienes móvil desde hace una semana. ¿Cómo te sientes y cómo te comunicas con tus amigos? ¿Echas de menos muchas cosas o disfrutas del tiempo sin móvil? Escribe una entrada de unas 80 palabras para tu diario.

p. 150/7

b Intercambia tu texto con tu compañero/-a. Cada uno/-a corrige el texto del otro/de la otra.

7 Padre e hijo

a Mira el dibujo y lee el texto. ¿Qué opinas de lo que propone el padre para pasar más tiempo con su hijo?

b ¿Crees que las redes sociales son un buen medio para comunicarse con los padres? ¿Por qué (no)?

c ¿Qué crees que contesta el hijo? Inventa su respuesta.

____

____

____

____

8 Quiero un nuevo móvil

En parejas haced el juego de rol de las páginas 77 y 78. Cado uno/-a lee su tarjeta y prepara su rol. También podéis inventar más cosas.

p. 143/3

9 Buena Onda conectada

Lee otra vez el texto 7 de la página 48 del libro y marca con una cruz la frase correcta.

1 A Gilberto ...
- [a] le gusta levantarse temprano.
- [b] le molesta quedar a las ocho.
- [c] no le gustan las videoconferencias de Buena Onda.

2 Javier piensa que ...
- [a] los fans de Buena Onda usan internet correctamente.
- [b] es importante informar sobre el uso correcto de internet.
- [c] solo hay noticias verdaderas en internet.

3 Para Raquel, no es buena idea ...
- [a] usar redes sociales.
- [b] hacer un foro sobre el uso de internet.
- [c] escribir los datos personales en las redes sociales.

4 Raquel quiere ...
- [a] crear un foro de ayuda sobre problemas en el insti.
- [b] que solo los locutores den consejos en el foro de ayuda.
- [c] que los radioyentes escriban sus problemas en el foro.

5 A Celia no le gusta ...
- [a] que solo los adultos den consejos a los jóvenes.
- [b] aprender a tocar un instrumento.
- [c] leer revistas para jóvenes.

6 Iker recomienda ...
- [a] seguir con la videoconferencia otro día.
- [b] hablar primero sobre el uso correcto de internet.
- [c] hablar primero sobre la idea de Raquel.

Gr p. 17/8.10

10 Bienvenido, Javier

Después de la videoconferencia, Gilberto escribe un e-mail a Javier. Marca con un color los verbos en presente de subjuntivo y con otro color los verbos que introducen el subjuntivo.

Hola, Javier:

¿Qué te ha parecido tu primera videoconferencia de Buena Onda? Interesante, ¿no? Espero que la próxima la hagamos más tarde y no tengamos que levantarnos tan temprano. Me gusta hablar con los otros locutores, pero prefiero hacerlo a las doce. ;-) Me alegro mucho de que trabajes con nosotros. Ya estás preparando el primer programa, ¿verdad? ¡Espero que no estés nervioso! Yo el primer día sí lo estaba, jeje. Te recomiendo que prepares bien todos los temas, así no vas a tener ningún problema. ¿Quieres que te ayude? Entonces dímelo. Ahora tengo que preparar cosas para Buena Onda. Iker nos ha pedido a Raquel y a mí que busquemos canciones para la página web. ¿Nos puedes recomendar algo de música de Argentina?

Hasta luego y ... ¡bienvenido a Buena Onda!
Gilberto

11 Cada uno quiere una cosa

El idioma

Quiero cantar. (**Yo** lo quiero y **yo** canto.)

≠ Quiero que cantes. (**Yo** lo quiero y **tú** cantas).

a **¿Qué quieren las personas de los dibujos? Escribe frases como en el ejemplo y mira también "El idioma".**

1

GILBERTO: leer / **PADRE:** ayudarme a preparar la cena

GILBERTO: *Quiero leer.*

PADRE: *Quiero que me ayudes a preparar la cena.*

2

CELIA Y RAQUEL: escuchar el programa de Paulina / **MADRE:** acostaros ya

CELIA Y RAQUEL: ______________________________

MADRE: ______________________________

3

NOELIA: tocar la guitarra / **ALEJANDRO:** venir a jugar al fútbol conmigo

NOELIA: ______________________________

ALEJANDRO: ______________________________

4

IKER: ver la película / **BORJA Y BERNAT:** jugar con nosotros a este juego

IKER: ______________________________

BORJA Y BERNAT: ______________________________

5

PAULINA: dormir / **GUADALUPE:** hacer los ejercicios de Matemáticas conmigo

PAULINA: ______________________________

GUADALUPE: ______________________________

b **En clase escribid las formas del presente de subjuntivo en las tablas de las páginas 80 y 81.**

12 Preparando el nuevo foro

Alejandro y Raquel están preparando el nuevo foro de ayuda de Buena Onda. Completa el texto con las formas correctas del presente de subjuntivo. Usa los verbos de las casillas.

contar | gustar | llamar | participar | poder

ALE: Crear un foro de consejos ha sido muy buena idea, Raquel.

RAQUEL: ¿Sí? Me alegro de que te (1) ____________ la idea. Yo siempre hablo con mis amigos cuando tengo problemas y me gusta que ellos me (2) ____________ y me (3) ____________ los suyos. Quiero que todo el mundo (4) ____________ hablar con alguien si lo necesita.

ALE: ¡Espero que los radioyentes (5) ________________ en nuestro foro! Pero a veces hay gente con problemas serios, entonces ¿qué hacemos?

empezar | escribir | hablar | ponerse | preparar

RAQUEL: Pues le recomendamos que (6) ____________ con sus padres o que (7) ____________ en contacto con un experto.

ALE: Sí, es lógico. Oye, ¿y de qué tema quieres que (8) ______________ (nosotros) la primera semana? ¿De los problemas en el insti?

RAQUEL: Creo que a los radioyentes les molesta un poco que siempre (9) ____________ (nosotros) artículos sobre las clases. Prefiero que (10) ______________ con problemas de amor.

ALE: Vale. Le voy a pedir a Paulina que (11) ____________ la página web.

13 En casa de Iker

Gr
p. 6/3.4

a Laia, la locutora de Barcelona, y su novio Carlos pasan las vacaciones en San Sebastián. Están en casa de Iker y tienen algunas preguntas. Completa con las formas correctas de los pronombres posesivos.

1 **IKER:** ¿Estas son vuestras revistas?
LAIA: No, hemos dejado ___las nuestras___ *(nuestras revistas)* en Barcelona.
IKER: ¿No habéis traído las revistas? Bueno, podéis leer ________________. *(mis revistas)*
2 **LAIA:** Iker, tu portátil es nuevo, ¿verdad? ________________ *(mi portátil)* es bastante viejo.
CARLOS: La verdad es que los ordenadores de nuestros compañeros son más rápidos que ________________ *(nuestros ordenadores)*.
3 **IKER:** Carlos, ese jersey no te queda muy bien. ¿Quieres probarte uno de ________________? *(mis jerseys)*
CARLOS: Vale, tus jerseys me gustan mucho.
4 **LAIA:** ¿Este móvil es de tu madre?
IKER: No, no es el móvil de mi madre. ________________ *(su móvil)* es de otra marca.
5 **CARLOS:** Oye, ¿estos son nuestros bocadillos?
IKER: No, no son vuestros bocadillos. ________________ *(vuestros bocadillos)* están en la nevera.
6 **CARLOS:** ¿Esta es mi carpeta?
LAIA: No, no es tu carpeta. ________________ *(tu carpeta)* está en la mochila.
7 **LAIA:** ¿Y estos libros? ¿Son de Borja y Bernat?
IKER: No, estos libros no son de mis hermanos. ________________ *(sus libros)* están en su habitación.

Gr
p. 5/3.4

b Laia y Carlos tienen más preguntas. Completa las frases con el determinante posesivo adecuado como en el ejemplo.

1 **CARLOS:** Laia, ¿te has puesto una camiseta ___mía___ *(de mí)*?
LAIA: Sí, me he puesto una camiseta ________________ *(de ti)* porque tú me la dejaste ayer.
2 **LAIA:** Tus hermanos y tú tenéis muchos primos, ¿verdad?
IKER: Sí, es verdad. Un primo ________________ *(de nosotros)* vive en México.
3 **CARLOS:** ¿Quedamos con tu mejor amigo hoy por la noche?
IKER: No, no puede venir porque ya ha quedado con unas amigas ________________ *(de él)*.
4 **LAIA:** ¿Conoces a Cecilia y Ana? Son dos amigas ________________ *(de mí)*.
IKER: No, no las conozco.

p. 143/3

14 Buenayuda – el nuevo foro de ayuda

Lee otra vez el texto 15 de la página 52 del libro. ¿A cuál de los chicos que participan en el foro se refiere cada una de estas frases? Escribe el nombre correspondiente.

1 Piensa que a las citas a ciegas hay que llevar a dos amigos. ________________
2 Le gusta mucho a alguien de su clase. ________________
3 No quiere que Anuska salga con Leandro. ________________
4 Tiene un problema con su novia. ________________
5 No entiende por qué Riqui no quiere salir con la chica. ________________
6 Va a quedar con alguien que ha conocido en internet. ________________

p. 155/10

15 Entre idiomas

Im Forum von Buena Onda sucht ein Jugendlicher Hilfe, der in sozialen Netzwerken schon mehrmals beleidigt, belästigt und sogar bedroht wurde. Du hast diesen Artikel im Internet gefunden und schreibst ihm in einer aufmunternden Nachricht (ca. 100 Wörter), was jetzt wichtig ist und was er gegen Cybermobbing tun kann. Markiere vor dem Schreiben alle wichtigen Informationen im Text.

Erstmal ruhig bleiben: Wenn du etwas Verletzendes gelesen oder gesehen hast, brennt es sich ein in dein Gedächtnis und du fühlst dich schlecht, bist verzweifelt und kannst nur noch daran denken. Es ist aber wichtig, dass du dich davon ablenkst, denn es gibt es trotzdem viele Dinge, die auch schön sind. Geh raus in die Natur, gönn dir was (Kino?), besuche Freunde oder schau dir aufmunternde Videos an. All das bringt dich erst mal auf andere Gedanken und mit etwas mehr Kraft kannst du die nächsten Schritte planen.
Du bist nicht allein: Vielleicht glaubst du, du kannst deine Probleme allein lösen. Vielleicht schämst du dich auch dafür, dass du fertiggemacht wirst oder traust dich nicht, mit deinen Eltern zu sprechen, weil du Angst vor noch mehr Stress oder Medienverbot hast. Meistens tut es aber gut, sich jemandem mitzuteilen, und bei vielen Fällen von Mobbing braucht es Erwachsene, die sich einschalten. [...]
Dokumentiere die Angriffe: Lerne, wie du Kopien von unangenehmen Nachrichten, Bildern oder Online-Gesprächen machst. Sie werden dir helfen, anderen zu zeigen, was passiert ist, und können helfen, deinen Peiniger zu ermitteln (z. B. an deiner Schule, bei deinem Mobilfunkanbieter, deinem Internetanbieter oder sogar der Polizei).
Blockieren, Melden, Löschen: Du kannst Beleidigungen, Hass-Postings und gemeine Bilder direkt in den Diensten melden, in denen sie auftauchen. Facebook, WhatsApp, Instagram, YouTube und andere Netzwerke bieten inzwischen Möglichkeiten, Dinge oder Personen zu melden und zu blockieren.
Verteidige dich: Verteidige dich clever! Zu Hause kannst du auch mal schwach sein, aber versuche in der Öffentlichkeit nicht zu viele Gefühle zu zeigen [...]. Beleidige auch nicht zurück, denn das löst euren Konflikt nicht. Sage oder schreibe direkt, was dich verletzt und formuliere es ganz klar und deutlich [...]. Wichtig ist auch, dass du dich über gesetzliche Bestimmungen informierst, denn
- wenn jemand ungefragt Bilder von dir verbreitet, ist das nach § 22 KUG/KunstUrhG eine Verletzung des „Rechts am eigenen Bild“.
- wenn dich jemand beleidigt, dann erfüllt das den Straftatbestand der „Beleidigung“ (§ 185 StGB).

Du bist in Ordnung: Und vergiss nicht: Kein Mensch hat das Recht, dich zu verletzen und zu beleidigen. Du bist toll so, wie du bist!

https://www.klicksafe.de/themen/kommunizieren/cyber-mobbing/tipps-fuer-paedagogen-und-jugendliche [07.06.2021]

Gr
p. 20/8.11

16 Consejos

El primo de Celia le pide ayuda porque su amigo tiene problemas de acoso escolar. Completa las frases de Celia con las ideas de la casilla. Usa la forma adecuada del presente de subjuntivo.

Ejemplo
Es normal que no sepas mucho de ese tema.

1 Es normal que (tú) ...
2 Es probable que los profesores ...
3 Es importante que (tú) ...
4 Es necesario que tu amigo ...
5 Es posible que los compañeros ...
6 ¡Ojalá la situación ...

~~no saber mucho de ese tema~~ • preocuparse mucho • mejorarse pronto • mandar mensajes feos a tu amigo • quieres ayudar a tu amigo • no saber de nada • hablar con sus padres • siempre tener tiempo para tu amigo • ...

17 Fátima viene de visita

En parejas haced el ejercicio tándem de la página 73.

18 Rincón de lectura

p. 140/1.1

a En el texto hay palabras que no conoces todavía, pero con la ayuda de las estrategias las puedes entender. Lee el texto, busca cinco palabras desconocidas y tradúcelas.

b ¿Con cuántas personas chatea Noelia? Resume qué sabes de esas personas y explica por qué Noelia no continúa la primera conversación.

p. 149/6 f

c ¿Cómo puede continuar el último chat? En parejas escribid un final.

El idioma: El lenguaje del chat

x = por
q = que
tb = también

Noelia tiene 14 años y no tiene muchos amigos. Entra en un chat y empieza a chatear con un chico. El nick de Noelia es “roma” (“amor” leído al revés).

—Cuantos años tienes? Yo 20.

Demasiado mayor para ella. No quería hablar con chicos mayores. Pero, si lo pensaba bien, tampoco con los de su edad. [...]

—Quieres charlar un poco?

—Ok.

—De q hablamos

—De lo que quieras

—Te gusta el fútbol?

—No.

—Pues vaya. Yo soy del Real Madrid. [...]

—No me gusta el fútbol.

—Yo soy delantero centro en el equipo de mi barrio.

Noelia lo borró de su charla. No quería volver a hablar con aquel obseso del fútbol como su padre. Afortunadamente, otra persona quería conversar con ella.

—¿Por qué te has puesto ese seudónimo?

A Noelia le sorprendió la pregunta. Nadie hablaba en un chat de seudónimo, sino de nick.

—Es bonito, no?

—¿Eres chico o chica?

—Chica.

—Muy bien.

Le extrañó que no respondiera OK o, en todo caso, Vale.

—Y tú, q eres?

—Chico —Y antes de que ella pudiera decirle que también muy bien, él continuó— ¿Cómo te llamas de verdad?

—Noe...

Noelia se detuvo sin estar muy segura de que quería dar su verdadero nombre. Borró lo de Noe y puso en su lugar:

—Es un misterio, por ahora.

—Lo que tú quieras.

—Tu nombre? O tb es un misterio?

Noelia solo veía su nick o, como decía el interlocutor, su seudónimo: Digital. Y también su extraña forma de escribir correctamente, sin faltas de ortografía ni abreviaturas.

Puerto, Carlos: Navegando por aguas turbulentas. Stuttgart: Schmetterling Verlag 2012, pp. 62-64.

19 Manu tiene problemas

a Manu, un chico de Granada, habla con su amiga Daniela. Aquí tenéis algunas frases de la conversación. ¿Qué problema creéis que tiene Manu? Discutidlo en parejas.

b Escucha el diálogo y contesta a las preguntas. Después decide: ¿es parecido el problema real de Manu al que tú y tu compañero/-a habéis imaginado?

p. 144/4.1

1 ¿Quién es Blanca? ______

2 ¿Cuándo se conocieron Blanca y Manu? ______

3 ¿Dónde se conocieron? ______

4 ¿Cuántas veces quedaron en Valencia? ______

5 ¿Qué ha pasado estos últimos días? ______

6 ¿Qué consejos le da Daniela a Manu? ______

→

c Manu decide llamar a Blanca por teléfono. Haced dos grupos: un grupo prepara el rol de Manu y el otro grupo prepara el rol de Blanca. Después formad parejas con una persona de cada grupo, inventad el diálogo y representadlo en clase.

20 Expresiones de amistad y de amor

a Trabajad en grupos. Leed las expresiones. ¿Qué significan? ¿Existen expresiones parecidas en alemán o en otros idiomas que conocéis?

La amistad es como el amor, lo único que los separa es un beso.

Los verdaderos amigos aparecen cuando el resto del mundo se ha ido.

Quien tiene un amigo lo tiene todo.

Mejor solo que mal acompañado.

Amar no es mirarse el uno al otro; es mirar juntos en la misma dirección.

Es muy difícil encontrar un buen amigo, difícil dejarlo e imposible olvidarlo.

b ¿Con cuáles de las expresiones (no) estáis de acuerdo? ¿Cuáles os gustan más? ¿Por qué?
c Inventad otras expresiones de amor o de amistad y presentad las mejores frases en clase.

21 El Día de San Valentín

p. 144/4.1

El 14 de febrero es el día de los enamorados. Ese día hay muchos programas y anuncios de amor en la radio. Escucha los tres anuncios y contesta a las preguntas. Puedes usar un diccionario.

1 ¿De qué tema tratan? ______________________

2 ¿Cuál es la idea de los anuncios? ______________________

3 ¿Qué quieren conseguir? ______________________

22 Por una mirada

a Las palabras de las casillas son partes de un poema de Gustavo Adolfo Bécquer. En grupo pequeños, leedlas y construid un poema de cuatro versos. Escribid vuestro poema en las líneas.

un mundo;	por un beso!
¡yo no sé	por una sonrisa,
por un beso ...	un cielo;
Por una mirada,	qué te diera

El país y la gente

Gustavo Adolfo Bécquer fue un poeta y narrador español que vivió de 1836 a 1870. Escribió muchas leyendas y varias obras de teatro, pero la parte de su obra más conocida son sus poemas, que son cortos y muy románticos.

____

____

____

____

la mirada der Blick | **la sonrisa** das Lächeln | **el cielo** der Himmel | **te diera** ich würde dir geben

b Comparad vuestros poemas en clase y explicad por qué los habéis ordenado así. Después leed el poema en el orden correcto (p. 87). ¿Cómo se siente el/la narrador/a? ¿Y de qué tema trata el poema?

p. 156/11.2

c Ensaya y lee el poema en voz alta. Pronuncia bien e intenta poner mucha emoción en tu voz. Al final, graba tu lectura del poema. Si quieres, puedes acompañarlo con música de fondo.

23 El problema de Markus

a Markus, un fan alemán de Buena Onda, escribe un comentario en el foro Buenayuda. En su comentario hay doce errores. Corrige los errores y escribe las palabras correctas en las líneas.

Hay una chica en mi clase de Español que me encanto. Ha llegado a el instituto en agosto. Hace dos meses le pidí su número de móbil y desde entonces chateamos todas las noches. ¡Pero en clase hablamos no nunca! Cuando le digo algo, le contesta solo frases cortos. No lo entiendo ... Es genial que es tan simpática por internet pero me molesta que en clase no quiere hablar con mí. ¿A lo mejor solo está muy tímida? ¿Qué puedo hacer?

___

___

___

___

___

b Escribe un comentario de unas 40 palabras en el foro contestando a la última pregunta de Markus. Usa las expresiones impersonales "Es posible/necesario/importante/mejor que ...".

___

___

___

___

24 A tu manera

Elige una actividad.

1 Mira el dibujo. ¿Qué les pasa a las personas? Escribe una historia de unas 120 palabras usando el vocabulario de la casilla de la página 55 del libro.
2 Trabajad en parejas. *A* ha sacado una mala nota en un examen y sus padres no le dejan ir al concierto de su grupo favorito. Llama a *B* para pedirle consejo. Escribid el diálogo y representadlo en clase.
3 Leed y escuchad otra vez la canción "Eres tú" de Alex Cuba en la página 57 del libro. En grupos de tres o cuatro preparad una presentación digital sobre la canción con fotos.

25 De todo un poco

Celia habla sobre el cumpleaños de su hermano. Completa el texto con las palabras correctas.

Hoy es 13 (1) ___ febrero, el cumpleaños de mi hermano. Pobre, su cumple es en febrero, el mes (2) ___ frío del año. (3) ___ mi hermano le encanta leer. Para él, los libros son muy importantes. Puede leer horas y horas y olvidarse (4) ___ todo lo demás. El problema es que en su habitación ya no (5) ___ sitio para más libros. Así que les ha pedido a mis padres un libro electrónico. Y (6) ___ martes fuimos mi padre y yo a comprarlo. Yo no tenía muchas (7) ___ de ir, pero al final decidí acompañar a mi padre. Fuimos (8) ___ metro hasta el centro y entramos en una tienda de tecnología. Preguntamos al vendedor (9) ___ el libro electrónico que queríamos y tuvimos mucha suerte porque estaba (10) ___ oferta. Hoy por la mañana le (11) ___ el regalo a mi hermano. Le ha hecho mucha (12) ___ . Para celebrarlo, ha leído durante toda la mañana.

1 Una red de vocabulario

p. 142/1.4

Haz una red de vocabulario sobre el tema "las vacaciones". Complétala durante la Unidad.

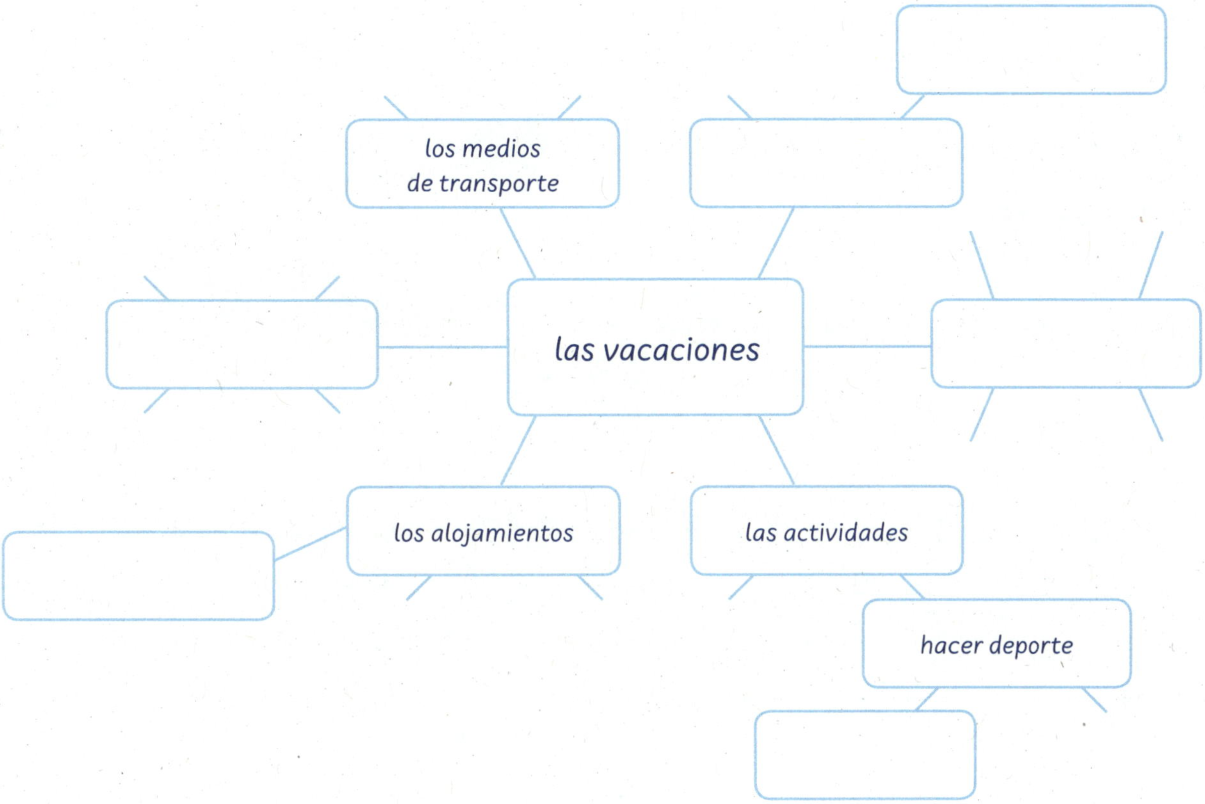

2 Antes de las vacaciones

a En casa de Mafalda, la protagonista de un cómic argentino, la familia está preparando todo para las vacaciones. Mira el cómic y explícalo en pocas palabras.

b ¿Conoces esta situación? ¿Cómo es en tu casa? Hablad en parejas.

3 Una oferta de viaje en la radio

p. 144/4.1

La madre de Iker escucha la radio casi todas las mañanas. Le gusta mucho un programa sobre viajes. Hoy ofrecen un viaje a las Azores. Escucha la oferta[1] y completa la tabla.

¿Cuándo?	¿Cuántos días?	¿Qué tipo de alojamiento?	¿Qué incluye[2] la oferta?	¿Cuánto cuesta?

4 ¿Adónde vamos?

p. 143/3

a Lee el texto 3 de la página 64 del libro y decide quién dice las siguientes frases. Escribe los nombres en las líneas.

1 ____________________: “Me aburre ir a museos durante las vacaciones.“

2 ____________________: “Para mí es muy importante que viajemos todos juntos.“

3 ____________________: “Mi primo vive en las Islas Canarias.“

4 ____________________: “Prefiero que nos quedemos en un apartamento que en un hotel.“

5 ____________________: “Quiero unas vacaciones diferentes.“

6 ____________________: “No quiero pasar las vacaciones en un lugar muy turístico.“

7 ____________________: “He visto un folleto de un viaje que me interesa mucho.“

8 ____________________: “Quiero hacer deporte y también relajarme.“

b Inventa dos frases más e intercámbialas con tu compañero/-a. Él/Ella adivina quién las dice.

5 Borja y Bernat

Gr p. 21/8.11

Los hermanos de Iker, Borja y Bernat, han escuchado la conversación de sus padres y de Iker sobre las vacaciones. Los gemelos tienen opiniones diferentes y discuten. Escribe siempre lo contrario[3].

Ejemplo
Borja: Creo que Iker se va solo a Tarifa. – Bernat: Yo no creo que Iker se vaya solo a Tarifa.

1 **BERNAT:** No pienso que Iker tenga ganas de viajar sin nosotros.
BORJA: Yo, en cambio, pienso que ____________________.

2 **BORJA:** Creo que mamá se preocupa mucho.
BERNAT: ____________________

3 **BERNAT:** Pienso que papá quiere ir a Tarifa.
BORJA: ____________________

4 **BORJA:** Estoy seguro de que Iker nos va a llamar todos los días.
BERNAT: ____________________

5 **BERNAT:** No creo que papá sepa hacer surf tan bien como Iker.
BORJA: ____________________

6 **BORJA:** Pienso que al final vamos todos juntos a casa del tío Alberto.
BERNAT: ____________________

1 **la oferta** das Angebot | 2 **incluir** beinhalten | 3 **lo contrario** das Gegenteil

6 ¿Qué piensas tú?

a Max, un compañero tuyo, tiene un problema y le escribe un e-mail a su intercambio español. En el e-mail hay diez errores. Corrige los errores y escribe las palabras correctas en las líneas.

Hola, Pedro:
¿Qué tal? Mis padres quieren que paso las vacaciones en casa de mis abuelos a un pueblo pequeño. No tengo mucho ganas de hacerlo, prefiero irme a un concierto de mi grupo favorito en Londres y quedarme unas días allí. No conosco a ninguno en Londres, por eso mis padres no quieren que vaya. He pensado decirles a mis padres que me voy a casa de mis abuelos, pero primero me vaya a Londres sin decirles nada. A mis abuelos les voy a decir que llego más tarde a vuestra casa. ¿Qué opinas? ¿Te parece una buen idea? Escribeme pronto.
Abrazos,
Max

b Inventa la respuesta del intercambio español. Escríbele a Max un e-mail de unas 80 palabras con consejos usando el vocabulario de "Así se dice" de la página 65 del libro.

7 El lenguaje de los jóvenes

a Vas a hacer un intercambio y has preguntado a tu compañera española qué expresiones usan los jóvenes españoles. Te ha mandado un vídeo en el chat: WES-112639-003. Míralo y apunta qué dice ella cuando pasa algo genial y cuando pasa algo malo.

p. 156/11.2

b Ahora te toca a ti. Manda un mensaje de voz o vídeo a tu compañera española y presenta las expresiones alemanas que usas en esas situaciones.

8 No estamos de acuerdo

Tu familia está hablando sobre las vacaciones de verano. En grupos de cuatro haced el juego de rol de las páginas 77 y 78. Cada uno/-a lee su tarjeta y prepara su rol. También podéis añadir o inventar más cosas. Tenéis que llegar a una solución.

9 Un día intenso

p. 146/6

Estos chicos están de vacaciones y han tenido un día intenso. Elige a uno de ellos y graba un mensaje de voz desde su perspectiva contando qué tipo de viaje está haciendo, qué le ha pasado ese día y cómo se siente. Toma notas antes de grabar e intenta hablar de una manera natural.

Gr p. 17/8.9

10 De vacaciones en el hotel *¡No!*

a En el hotel *¡No!* hay muchas reglas. Escribe todo lo que no puedes hacer allí usando el imperativo negativo de *ustedes* como en el ejemplo.

> *Ejemplo*
> *comer en las habitaciones → No coman en las habitaciones.*

1 sacar fotos de las habitaciones ______________________________

2 salir del hotel por la noche ______________________________

3 desayunar después de las 7 de la mañana ______________________________

4 beber en el balcón ______________________________

5 ir a otras habitaciones ______________________________

6 jugar a videojuegos en la habitación ______________________________

7 traer perros ______________________________

b Inventa tres reglas más. ¿Qué más no se puede hacer en el hotel *¡No!*?

Gr 1, p. 13

11 Por fin vacaciones

En parejas haced el ejercicio tándem de la página 74.

Gr p. 9/8.2

12 Mis vacaciones

a Rodrigo, un amigo de Iker, le escribe un e-mail y le habla de sus vacaciones. Completa las frases con los determinantes posesivos y con las formas correctas de *ser* y *estar*. ¡Ojo con los tiempos verbales!

Hola, Iker:
¿Qué tal las vacaciones en Tarifa? Las vacaciones con (1) ___________ familia normalmente (2) ___________ muy aburridas. Ya conoces a (3) ___________ padres, ellos (4) ___________ muy tranquilos y les gusta descansar. Pero este verano me he divertido mucho.
Imagínate, una noche hubo una fiesta en el hotel donde nos quedamos. Al principio (5) ___________ hermana y yo (6) ___________ muy aburridos porque no había gente de (7) ___________ edad. Pero, de repente, llegó un chico a la fiesta, también con (8) ___________ padres. El chico (9) ___________ muy guapo. Quería hablar con él, pero no pude porque (10) ___________ muy nervioso. Sabes que (11) ___________ hermana normalmente no (12) ___________ pesada, pero en la fiesta no dejaba de hablar. Le dije "¿No puedes (13) ___________ tranquila un minuto?", y claro, se dio cuenta[1] de que yo estaba mirando al chico. Creo que el chico también (14) ___________ un poco aburrido con (15) ___________ padres. (16) ___________ hermana se fue a hablar con él y después de diez minutos me lo presentó. Bueno, y después ... fueron las mejores vacaciones de (17) ___________ vida. Llámame y te cuento cómo sigue la historia.
Hasta pronto,
Rodrigo

b Iker llama a Rodrigo después de leer el e-mail. En parejas inventad el diálogo y representadlo en clase.

1 **darse cuenta de algo** etw. bemerken

13 Tipos de turismo

a **Lee los textos del ejercicio 9 de la página 67 del libro y relaciona cada tipo de turismo con una foto. A uno de los textos le corresponden dos fotos.**

A

B

C

D

E

F

p. 144/4.1

b **Paulina habla con su padre sobre las definiciones de turismo. Escucha el diálogo y marca con una cruz si las frases son verdaderas o falsas.**

	v	f
1 Paulina escribe definiciones sobre tipos de turismo.		
2 Al padre de Paulina solo le gusta hacer cosas tranquilas en sus vacaciones.		
3 Al padre le gustan varios tipos de turismo.		
4 De joven el padre hacía rafting con su hermano.		
5 Paulina quiere ir sola a la montaña y hacer un viaje de aventura.		
6 El padre le propone a Paulina hacer un viaje a las montañas con su hermano.		

14 En la oficina de turismo

p. 145/4.2

a **Los jóvenes Ángel y Cecilia están de visita en Sevilla y van a la oficina de turismo para pedir información. Mira el vídeo (WES-112639-004) y contesta a las preguntas con palabras clave.**

1 ¿Cuántos días están Ángel y Cecilia en Sevilla? ____________________

2 ¿Qué monumentos propone visitar la chica de la oficina de turismo? Apunta al menos tres. ____________________

____

3 ¿Qué actividad no le interesa a Ángel? ____________________

4 ¿Qué quieren cenar Ángel y Cecilia esta noche? ____________________

5 ¿Qué lugar les recomienda la chica de la oficina para mañana? ____________________

b **Hablad en parejas. ¿Pensáis que Ángel y Cecilia van a hacer las cosas que recomienda la chica de la oficina? Y a vosotros/-as, ¿os gusta el programa que les propone? Explicad por qué (no).**

p. 155/10

15 Entre idiomas

Du möchtest in den Ferien einen Sprachkurs in Granada machen und hast diese Informationen im Internet gefunden. Deine Eltern haben einige Fragen zu dem Kurs. Beantworte sie ihnen mündlich.

1 Wie viele Teilnehmer gibt es in jedem Kurs?
2 Wie viele Stunden Unterricht hat man am Tag und in der Woche?
3 Wo werden die Schüler untergebracht?
4 Gibt es auch ein Freizeitprogramm?
5 Ist für die Wochenenden auch etwas geplant?

Contenidos del programa

- 20 horas de clase por semana; 4 clases por día, de lunes a viernes.
- Máximo de 9 participantes por grupo.
- 1 actividad extracurricular diaria, supervisada por los profesores: Deportes: fútbol, vóleibol, tenis ... Visitas: excursión a la Alhambra, paseos por la ciudad ... Talleres: cerámica, medio ambiente, cocina ... y mucho más: paella (en el campo o en la escuela), clases de salsa, clases de flamenco, natación, conversaciones en grupo, fiestas en la escuela, rutas en bicicleta, visitas al mercado, la biblioteca ...
- 1 excursión de fin de semana, sábado o domingo, organizada por el personal de la escuela: a elegir entre la playa, parques naturales o ciudades (Córdoba o Sevilla).
- Alojamiento con familias españolas, habitación individual, pensión completa. Actividades extras con la familia: la ciudad, el campo, la playa.
- Recogida desde el aeropuerto hasta la familia.
- Acceso a piscina y recintos deportivos.
- Acceso a salas de estudio y biblioteca.

FECHAS Y PRECIOS

16 Un curso de idiomas

a Para hacer el curso de español del ejercicio 15 tienes que completar el siguiente formulario. Rellénalo.

Nombre: ______________________
Apellido(s): ______________________
Nacionalidad: ______________________
Fecha de nacimiento: ______________________
Dirección: ______________________
Teléfono: ______________________
E-mail: ______________________
Profesión: ______________________

Nivel de español: ☐ principiante ☐ intermedio ☐ avanzado

Tipo de curso:
☐ curso intensivo en grupo (20 horas a la semana)
☐ curso intensivo en grupo + cinco horas individuales
☐ curso de idiomas + curso de cocina
☐ curso de idiomas + curso de cultura
☐ curso de idiomas + excursiones

Alojamiento:
☐ habitación doble en un apartamento
☐ habitación en un piso de estudiantes
☐ en casa de una familia española

b ¿Qué tipo de curso has elegido? ¿Por qué? Explícaselo a tu compañero/-a.

c En parejas inventad una llamada telefónica. *A* llama a la escuela de idiomas y pregunta por los cursos de español (tipos, horarios, número de alumnos ...). *B* trabaja en la escuela de idiomas y contesta a las preguntas de *A*.

17 Espacio cultural

p. 144/4.1

a Un grupo de jóvenes españoles y alemanes hizo un intercambio escolar. Los españoles se quedaron dos semanas en casa de los alemanes y después los alemanes dos semanas en casa de sus intercambios españoles. Después del intercambio, un profesor español les preguntó por su experiencia. Escucha y apunta los nombres de los chicos en las líneas correctas.

chicos españoles: ______________________ chicos alemanes: ______________________

b Escucha otra vez y completa la tabla.

¿Qué les llamó la atención a los chicos alemanes?	¿Qué les llamó la atención a los chicos españoles?

c ¿Habéis hecho un intercambio alguna vez? ¿Habéis tenido experiencias parecidas? ¿Qué os ha llamado la atención? Hablad en clase.

18 El último día de vacaciones

Tu compañero/-a y tú estáis de vacaciones en Mallorca. Mañana es vuestro último día y estáis decidiendo qué hacer. Estas son las actividades que habéis propuesto. Comentad qué prefiere hacer cada uno/-a y por qué y después decidid el programa para mañana.

Excursión Stand Up Paddle (3 horas)
Visita diferentes cuevas[1] naturales de Mallorca en Stand Up Paddle. Esta excursión es para gente a la que le gustan el deporte, la naturaleza y la aventura.

Palma en autobús (más de 35 paradas, un billete para 24 horas)
Haz un tour en el que te puedes subir y bajar en cualquier momento de la ruta. Es una forma fantástica de conocer la ciudad y los mejores lugares de interés turístico.

Parque Natural de s'Albufera (abierto de las 10:00 hasta las 18:00 horas)
Disfruta de un parque excepcional en el norte de la isla. Es un lugar tranquilo, perfecto para caminar, observar las diversas especies de pájaros[2] e ir en bici.

Mallorca Fashion Outlet (a diez minutos de Palma)
Descubre nuestras tiendas con más de 100 de las principales marcas de moda y estilo de vida nacionales e internacionales. Después descansa en cafeterías, restaurantes con terrazas y las mejores salas de cine de la isla.

Excursión en barco a la isla de Sa Dragonera (4 horas)
¿Te gusta bañarte en el mar, te gustan los reptiles y las torres piratas? Sa Dragonera es una isla deshabitada y protegida donde puedes ver 350 tipos de plantas diferentes y varios animales interesantes, como la lagartija[3] balear, la única de esta especie en todo el mundo.

1 **la cueva** die Höhle | 2 **el pájaro** der Vogel | 3 **la lagartija** die Eidechse

p. 155/9a

19 Mallorca antes y hoy

Mira las fotos y describe cómo ha cambiado la costa de Mallorca en los últimos 70 años. Puedes usar el diccionario.

p. 143/3

20 Buena Onda ecológica

a Lee el texto 15 de la página 69 del libro y marca con una cruz las frases correctas.

1 En el foro, Iker y Paulina se preguntan cómo ...
- a funcionan los trenes en España y México.
- b hacer viajes ecológicos.
- c planear bien las vacaciones.

2 Iker dice que el turismo ...
- a es malo para el medio ambiente.
- b es la actividad más dañina para el medio ambiente.
- c no tiene que ser malo para el medio ambiente.

3 Iker dice que el tren ...
- a contamina menos que el avión y es igual de cómodo.
- b es menos rápido que el avión, pero más cómodo.
- c contamina menos que el avión y es muy cómodo.

4 Paulina dice que en México la gente viaja ...
- a más en autobús que en España.
- b más en autobús que en tren.
- c más en tren que en España.

5 Paulina da ideas sobre cómo ...
- a cuidar el medio ambiente durante las vacaciones.
- b cuidar el medio ambiente todos los días.
- c respetar la naturaleza y también a los turistas.

6 El ecoturismo es un tipo de turismo que ...
- a no contamina nada.
- b respeta más el medio ambiente.
- c hay solo en México.

b Haz una lista con todos los consejos de Iker y Paulina para viajar sin contaminar demasiado.

c Escribe un comentario de unas 70 palabras para el foro. ¿Te parecen bien los consejos? Justifica tu respuesta.

Gr 1, p. 6

21 ¿Y mis cosas? ¡No las encuentro!

Iker está preparando todo para las vacaciones. No encuentra sus cosas y tiene muchas preguntas. Inventa las respuestas usando los pronombres de complemento directo.

1 "Mamá, ¿dónde está mi mochila?" – ________________

2 "Borja, ¿qué has hecho con mis libros?" – ________________

3 "Papá, ¿has visto mis gorras?" – ________________

4 "Mamá, ¿dónde está el folleto?" – ________________

5 "Borja y Bernat, ¿habéis visto mi tableta?" – ________________

6 "Mamá, ¿dónde están mis zapatillas?" – ________________

Gr 1, p. 6

22 Me interesa mucho

Celia ha visto un vídeo sobre cómo cuidar el medio ambiente y lo ha enviado a Raquel. Ahora Celia habla con Raquel por teléfono para saber si le ha gustado. Completa el diálogo con los pronombres de complemento indirecto.

RAQUEL: Hola, Celia. Ayer (1) ________ envié un vídeo que trata sobre cómo cuidar el medio ambiente. A mí (2) ________ encantó y (3) ________ pareció muy interesante.

CELIA: ¡Ah! Pues no lo he visto todavía. Creo que no (4) ________ ha llegado. Pero (5) cuénta________, ¿qué dicen en el vídeo?

RAQUEL: Dicen que tenemos que preocuparnos más por el medio ambiente, sobre todo la gente joven.

CELIA: Estoy de acuerdo. Pero ¿no crees que también (6) ________ puede interesar a la gente mayor?

RAQUEL: Sí, es verdad que también tenemos que (7) hablar________ de este tema. Todos tenemos que ayudar y no (8) ________ cuesta nada cambiar un poco nuestro día a día.

CELIA: Es verdad. Seguro que nuestros radioyentes tienen algunas ideas. Podemos (9) preguntar________ mañana en nuestro programa.

Gr p. 4/3.2

23 Paulina e Iker chatean

Iker y Paulina hablan sobre Buena Onda ecológica. Completa el diálogo con dos pronombres (de complemento directo e indirecto) por frase. Primero marca las palabras que hay que sustituir por los pronombres.

IKER: Paulina, ¿me puedes mandar la dirección de esa página web sobre las vacaciones ecológicas?

PAULINA: Sí, claro, ahora mismo (1) ________________ mando.

IKER: Gracias. ¿Y les envías, por favor, las fotos a todos los locutores de Buena Onda?

PAULINA: Ya (2) ________________ envié ayer.

IKER: Perfecto. ¿Qué más? ¿Ya le has preguntado a Alejandro adónde va de viaje?

PAULINA: Sí, ayer (3) ________________ pregunté.

IKER: ¿Y qué te dijo? ¿Al final puede hacer un viaje con sus amigos?

PAULINA: No lo sabe todavía. ¿Por qué no le mandas los folletos de viajes por Andalucía?

IKER: Buena idea, después (4) ________________ mando. ¿Tienes su nuevo número de teléfono?

PAULINA: Claro, ahora (5) ________________ envío. ¿Cuándo te vas a Tarifa? No te olvides de repartir la lista con los consejos de Buena Onda ecológica a tus compañeros antes de irte.

IKER: Es verdad, mañana (6) ________________ doy.

p. 143/3

24 Viajes económicos y ecológicos

a Alejandro está buscando formas más económicas de viajar y ha encontrado este artículo en internet. Lee el texto y contesta a las preguntas.

1 ¿Qué tipos de organizaciones presenta Patricia Guerrero en su artículo?
2 ¿Qué ventajas tienen estas organizaciones?
3 ¿Qué es couchsurfing?
4 ¿Qué hay que hacer para participar en couchsurfing?

Cómo viajar cuando no tienes mucho dinero *Por Patricia Guerrero*

A muchas personas nos gusta viajar a otros países y conocer a otras personas, otras culturas, otros idiomas... Pero ¿se puede hacer solo con el dinero de la paga? ¡La respuesta es sí! Hay muchas organizaciones en todo el mundo para poder viajar sin gastar mucho dinero, que además te dan la posibilidad de conocer a gente maja y ver lugares que, aunque no son tan turísticos, pueden ser espectaculares. Estas organizaciones son redes de intercambio para viajeros que ofrecen un lugar donde dormir y/o comida gratis. Además de esto, otra ventaja de este tipo de turismo es que cuando llegas siempre hay alguien que ya está ahí esperándote para ayudarte y explicarte todo.

En la red social ***Couchsurfing***, por ejemplo, participan miles de personas de todo el mundo. ¿Sabéis cómo se traduce couchsurfing? A mí me parece muy divertido: "surfeando en el sofá". Esto quiere decir que las personas que participan tienen comida y un lugar para dormir para los viajeros que lo necesitan. Cuando participas en esta red, te comprometes a ofrecer una cama o un sofá a los turistas que vienen a tu ciudad. Si no tienes un sofá o una cama libre, puedes solamente salir con ellos y enseñarles el lugar donde vives. Así, cuando quieras viajar a otra ciudad del mundo siempre vas a tener un sofá y comida esperándote. Además es muy fácil participar, solo tienes que registrarte en la página web y después buscar contactos en la ciudad a la que quieres ir. A la mayoría de las personas que están en esta red les gusta conocer gente e ir de fiestas.

b ¿Qué te parece la idea de hacer couchsurfing? ¿Te gustaría hacerlo? ¿Por qué (no)? Hablad en parejas.

Gr
p. 10/8.7

25 ¿Qué significa?

¿Qué significan estas perífrasis verbales? En parejas marcad con una cruz la frase que significa lo mismo. Después, comparad en clase.

1 Celia y Raquel **llevan tres horas hablando**.
- a Antes Celia y Raquel hablaban, pero ahora ya no hablan desde hace tres horas.
- b Celia y Raquel están hablando desde hace tres horas.
- c Celia y Raquel siempre hablan mucho cuando están juntas.

2 Alejandro y Noelia **siguen jugando** al baloncesto.
- a Alejandro y Noelia juegan al baloncesto todas las tardes.
- b Ale y Noelia ya no juegan al baloncesto.
- c Antes Alejandro y Noelia jugaban al baloncesto y todavía lo hacen.

3 Laia **dejó de trabajar** para Buena Onda.
- a A Laia ya no le gusta trabajar para Buena Onda.
- b Laia todavía trabaja para Buena Onda.
- c Laia ya no trabaja para Buena Onda.

4 Celia **ha pasado todo el día preparando** el programa.
- a Celia ha necesitado todo el día para preparar el programa.
- b Celia todavía no ha terminado de preparar el programa.
- c Celia quiere preparar el programa durante un día.

5 Cibrán **ha vuelto a olvidar** su gorra en clase.
- a Cibrán ha tenido que volver al colegio para buscar su gorra.
- b Cibrán ha olvidado su gorra otra vez en clase.
- c Cibrán ha olvidado volver a clase con su gorra.

26 Alejandro está enfadado

Alejandro no sabe si va a poder irse de vacaciones este verano y chatea con Iker. Completa las frases con las perífrasis verbales. Ojo: los infinitivos y los gerundios ya están en el texto.

dejar de + inf. | acabar de + inf. | ir a + inf. | llevar + ger. | seguir + ger. | empezar a + inf. | estar + ger.

Oye, Iker, estoy muy enfadado. (1) ____________________ hablar con mis padres sobre las vacaciones

¿Y qué ha pasado? ¿Todavía no sabes si (2) ______________ ir con tus amigos?

¡No! Mis padres dicen que es muy caro. (3) ______________ ahorrando dinero pero todavía no tengo suficiente. El próximo mes (4) ______________ trabajar en una heladería los fines de semana.

Espero que al final puedas ir.

No (5) ______________ pensar en eso. (6) ______________ mucho tiempo esperando estas vacaciones. (7) ______________ hablar otra vez con ellos. Mañana viene mi tía, a lo mejor ella me puede ayudar.

Sí, es una buena idea. 😀 ¿Tu tía (8) ______________ viviendo en Madrid?

Sí, pero viene este fin de semana a Granada. A ver qué pasa ...

27 Una postal

Imagina que las fotos de las páginas 62 y 63 del libro son postales. Elige una para mandársela a un/a amigo/-a de España y escribe un texto de unas 80 palabras hablándole de tus vacaciones en ese lugar. Tu red de vocabulario de la página 35 del Cuaderno de actividades te puede ayudar.

28 A tu manera

Elige una actividad.

1 Escribe para el periódico escolar de tu instituto de intercambio un artículo de unas 100 palabras sobre el "wwoofing" en España. Busca información en internet. ¿Qué significa Wwoof y cómo funciona? Presenta dos granjas y explica sus proyectos.

2 ¿Así son los turistas? Hablad en parejas sobre esta caricatura usando el vocabulario de la casilla "Así se dice" de la página 65 del libro. Después describid un día típico de vacaciones del señor. Escribid unas 100 palabras.

3 En grupos de tres inventad un folleto sobre el ecoturismo. ¿Qué argumentos hay a favor del ecoturismo? ¿Cómo se puede convencer a la gente para que viaje respetando el medio ambiente? Presentad el folleto en clase.

1 Palabras

una expresión correcta = 1 punto ☐ de 8

Relaciona los verbos con las palabras correspondientes y escribe las expresiones en las líneas.

dar • tomar • pasar • irse • dejar • alojarse • hacer • contar

las vacaciones • en un hotel • la opinión • turismo solidario • el sol • en paz • mentiras • de vacaciones

____

____

____

2 Escuchar

un dibujo correcto = 1 punto + una respuesta correcta = 1 punto ☐ de 8

a Alejandro habla con Raquel sobre sus planes para las vacaciones. Escucha el diálogo. ¿De qué hablan? Marca con una cruz los dos dibujos correctos.

A 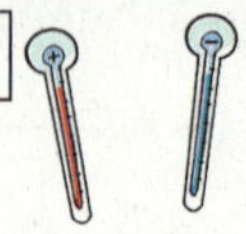

B 

C 

D 

E 

b Escucha otra vez el diálogo y marca con una cruz las frases correctas.

1 Alejandro se va de vacaciones ...
- a con sus padres.
- b con sus amigos.
- c con su novia.

2 Alejandro ...
- a trabaja en una heladería[1] desde hace un mes.
- b trabajó en una heladería el mes pasado.
- c va a trabajar en una heladería el mes que viene.

3 Se va a quedar en Málaga ...
- a con una familia que tiene un albergue juvenil.
- b en casa de su familia.
- c en casa de una familia que se va de vacaciones.

4 Alejandro ...
- a ha enviado fotos suyas a la familia.
- b ha recibido fotos de la familia.
- c tiene que enviar fotos de los perros a la familia.

5 El pueblo adonde va Ale ...
- a está en la montaña.
- b está en la costa.
- c es muy bonito.

6 Se va a Málaga ...
- a el próximo miércoles.
- b mañana.
- c el día 5 de julio.

3 Escribir

Decide con un/a compañero/-a cuántos de los 8 puntos recibes. Valorad el uso del idioma (= 4 puntos) y el contenido (= 4 puntos). ☐ de 8

¿Para qué usas tu móvil? ¿Cuántas veces y cuánto tiempo al día lo usas? ¿Por qué (no) es importante para ti? Escribe un texto de unas 50 palabras sobre el tema.

____

____

____

____

____

____

1 **la heladería** die Eisdiele

4 Gramática

una frase correcta = 1 punto ☐ de 6

Celia no tiene un buen día. Su hermano le pide que haga algunas cosas, pero ella le dice siempre que no. Escribe las respuestas de Celia usando los pronombres de complemento directo e indirecto.

Ejemplo
¿Me dejas ese libro? – No, no te lo dejo.

1 ¿Les dices a papá y a mamá que no vengo a cenar? – No, ______

2 ¿Le mandas las fotos de nuestro viaje a mi amigo Pablo? – No, ______

3 ¿Nos enseñas a Pablo y a mí el foro de Buena Onda? – No, ______

4 ¿Me dejas tu mochila? – No, ______

5 ¿Le envías a la abuela esta postal? – No, ______

6 ¿Le llevas este periódico a mamá? – No, ______

5 Leer

una cruz correcta = 1 punto ☐ de 6

Varios radioyentes hablan en el foro de Buena Onda sobre sus viajes de fin de curso. Lee los textos y marca con una cruz las respuestas correctas en la tabla.

www.radiobuenaonda.com/foro

Luz, Lugo:	Hace diez años fui por primera vez a Barcelona. Fuimos allí de viaje de fin de curso. Estuvimos todas mis amigas y yo una semana juntas en una habitación y nos divertimos mucho. Visitamos la Sagrada Familia con nuestros profesores, y también vimos otras obras de Gaudí. No tuvimos tiempo para ir a la playa, pero me gustó mucho el viaje. Pasé una semana genial. Hace dos años volví a Barcelona con mi novio y le hablé mucho de esa fantástica experiencia.
Javi, Córdoba:	Mi viaje de fin de curso fue muy aburrido. Fue el año pasado y viajamos a Madrid. Nos quedamos en un albergue juvenil. No hacía buen tiempo y visitamos todos los museos de la ciudad con nuestro profe de Historia. Además, discutí con mi mejor amigo y no nos hablamos durante los tres días que pasamos en Madrid. Me gustaría volver algún día para conocer la ciudad mejor, pero sin profes y sin problemas con los amigos.
Unai, Bilbao:	Tengo bonitos recuerdos de mi viaje de fin de curso del instituto. Fuimos ocho días a Málaga. Ya han pasado cinco años pero me acuerdo perfectamente de la noche en la que nos quedamos todos a dormir en la playa. Unos amigos tocaron la guitarra y cantamos y bailamos toda la noche. Durante el día hacía 30 grados y no llovió en ningún momento. Fue uno de los mejores viajes de mi vida. Pienso volver a Málaga este verano.

	Luz	Javi	Unai
1 ¿Quién fue a la capital de España?			
2 ¿Quién hizo el viaje hace más tiempo?			
3 ¿Quién visitó muchos museos?			
4 ¿Quién estuvo más días de viaje?			
5 ¿Quién estuvo en la playa?			
6 ¿Quién volvió a visitar la ciudad del viaje de fin de curso?			

6 Hablar

una frase correcta = 1 punto ☐ de 7

Wie sagst du (,) ...

1 deinen Freunden, dass sie mit deinem Handy keine Fotos machen sollen?
2 jemandem, dass er/sie deinen Laptop nicht benutzen soll?
3 dass du normalerweise sehr ruhig bist, aber dass du heute nervös bist, weil du eine Prüfung hast?

Wie fragst du jemanden, ...

4 wohin er/sie dieses Jahr in den Urlaub fährt?
5 ob er/sie in einer Jugendherberge oder in einem Apartment unterkommt?
6 welche Art von Tourismus er/sie mag?
7 was du gegen Mobbing tun kannst?

7 Gramática

un verbo correcto = 0,5 puntos ___ de 4

Celia y Raquel charlan. Completa el diálogo con los verbos en presente de subjuntivo.

dar | dormir | estar | haber | ir | saber | sentir | ser

RAQUEL: Siento mucho que tu hermano y tú no (1) ________________ a la fiesta de Luis esta tarde.
CELIA: Es que el domingo tenemos que levantarnos temprano. A mi padre le molesta que (2) ________________ (nosotros) hasta las 11 de la mañana.
RAQUEL: Bueno, tranquila, no creo que Luis (3) ________________ enfadado contigo. Oye, ¿quieres que le (4) ________________ (yo) tu regalo?
CELIA: Sí, por favor. Es probable que (5) ________________ mucha gente en la fiesta, ¿no?
RAQUEL: Seguro que sí. Van a ir los primos de Luis. Es impresionante que todos (6) ________________ tocar la guitarra, ¿verdad? Me encanta que (7) ________________ siempre tan simpáticos.
CELIA: Sí, sí, todos muy simpáticos, sobre todo Álex, ¿verdad? Yo creo que le gustas.
RAQUEL: ¡Qué dices, Celia! Dudo que Álex (8) ________________ algo por mí.

8 Gramática

un verbo correcto = 0,5 puntos ___ de 4

Iker le escribe una postal desde Tarifa a su amiga Ximena. Completa el texto con las formas correctas del presente de indicativo o de subjuntivo. Usa los verbos de las casillas.

acordarse | aprender | despertar | gustar | sacar | tener | venir | ver

Hola, Ximena:

¿Qué tal? Te mando esta postal porque quiero que (1) ________________ (tú) de mí 😀. Estoy aprendiendo muchísimo en el curso de surf. Es normal que (2) ________________ (nosotros) mucho porque practicamos bastantes horas al día. ¡No me gusta que los monitores nos (3) ________________ a las siete de la mañana! Pero bueno, es verdad que (4) ________________ (nosotros) que empezar temprano. Mi familia llegó el viernes. Estoy seguro de que les (5) ________________ Tarifa tanto como a mí. Les he pedido que (6) ________________ esta tarde a la playa y espero que me (7) ________________ fotos mientras hago surf. ¡Quiero que me (8) ________________ (tú) en las playas de Tarifa!

Muchos besos, Iker

Auswertung ___ von 51

0 … 51

Gib nicht auf, die Lerntipps helfen dir. | Das geht bestimmt noch besser! | Sehr gut! Mach weiter so!

Lerntipps

palabras	Wiederhole den Lernwortschatz der *Unidades* 3 und 4. Dein Vokabelnetz zum Thema *vacaciones* hilft dir bei dieser Übung.
escuchar	Lies dir vor dem Hören die Fragen bzw. die Auswahlsätze durch, damit du weißt, worauf du beim Hören achten musst. Tipps zum Hörverstehen findest du in den *Estrategias* auf S. 144-145.
escribir	Wiederhole den Wortschatz zum Thema *medios de comunicación* und überprüfe mithilfe der Checkliste auf S. 150 abschließend deinen Text.
gramática	Sieh dir den Abschnitt zu den Personalpronomen auf S. 76-77 im Schülerbuch an, wenn dir die Übung 4 schwer gefallen ist. Mache folgende Übungen: Buch, S. 70/17 und S. 80/9 und *Cuaderno*, S. 43/21-23. Überlege, wann man den *subjuntivo* und wann den Indikativ verwendet. Welche speziellen Verbkategorien oder Ausdrücke verlangen den *subjuntivo*? Eine Übersicht über die Auslöser findest du in der Grammatik auf S. 20. Die regelmäßigen und unregelmäßigen Formen des *presente de subjuntivo* kannst du im Buch auf S. 61 nachlesen.
leer	Lies dir die Texte zunächst in Ruhe durch und achte beim zweiten Lesen gezielt auf die Informationen, nach denen gefragt wird. Tipps zum Lesen findest du in den *Estrategias* auf S. 143.
hablar	Wiederhole die Vokabeln der *Unidades* 3 und 4. Bei den Sätzen 1 und 2 musst du den negativen Imperativ beachten. Beim dritten Satz geht es um die unterschiedliche Verwendung von *ser* und *estar*.

Un programa sobre Argentina

1 Imágenes de un país

p. 154/9a

a **Imagina que acabas de volver de un viaje a Argentina y le enseñas estas fotos a un/a amigo/-a. Elige cuatro de ellas y describe cada una en dos frases. Tu compañero/-a adivina cuáles has elegido y en qué orden hablas de ellas.**

b **¿En cuál de los lugares de las fotos (no) te gustaría estar ahora mismo? ¿Por qué (no)? Hablad en parejas.**

2 Argentina

En parejas haced el ejercicio tándem de la página 75.

3 Buena Onda desde Argentina

p. 143/3

Lee el texto de la página 84 del libro y marca con una cruz las frases correctas.

1 A Celia le encanta Argentina porque ...

- a estuvo de vacaciones allí.
- b siempre ha leído mucho sobre ese país.
- c sus padres le contaron muchas cosas de sus vacaciones allí.

2 Cuando Javier va a Buenos Aires ...

- a se aburre porque tiene que visitar las atracciones turísticas.
- b va a conocer la ciudad con su tía y le encanta.
- c sale mucho con sus amigos.

3 La cocina argentina tiene influencias[1] ...

- a solo de la cocina italiana.
- b de la cocina europea.
- c de las cocinas de los inmigrantes que fueron a Argentina.

4 Antes de la llegada de los españoles, en Argentina ...

- a hablaban italiano.
- b hablaban quechua y otras lenguas indígenas.
- c ya hablaban español.

5 El tango en Argentina ...

- a es un baile que todos saben bailar.
- b es conocido por sus canciones, pero pocos lo bailan.
- c ahora solo lo tocan y lo bailan para los turistas.

1 **la influencia** der Einfluss

4 El español de Argentina

a Javier y Celia están hablando otra vez del programa sobre Argentina. Lee el diálogo y fíjate en las palabras en verde. Son palabras que se usan en el español argentino. ¿Qué significan en el español de España? Completa la tabla.

CELIA: ¡Me gustan mucho tus nuevas ideas! ¿Vas a preparar una parte sobre Messi entonces?
JAVIER: Claro que sí, es un jugador zarpado. Ahora mismo estoy llevando la remera de Messi.
CELIA: Ya veo que es un tema que te apasiona, jaja.
JAVIER: ¡Y sí! ... Uff lo siento, tengo que irme: me están llamando mis viejos ... vamos a ver a mi abuelita y tenemos que tomar el colectivo en quince minutos. La verdad es que tengo una bocha de cosas que preparar antes de salir ... ¿Vos podés llamarme mañana así seguimos laburando?
CELIA: Sí, no hay ningún problema.
JAVIER: ¿Posta? ¡Hasta mañana entonces!

español de España	*español de Argentina*
la camiseta	
coger el autobús	
de verdad	
genial	
un montón	
los padres	
trabajar	
tú puedes	

b En parejas escribid un breve diálogo de unas 80 palabras usando al menos tres de las palabras o expresiones argentinas y presentadlo en clase. Podéis elegir uno de los siguientes temas. Si queréis, después podéis grabar vuestro diálogo.

Mis planes para el fin de semana | Una discusión entre hermanos | Una tarde de domingo en casa

5 Vacaciones en Argentina

p. 144/4.1

a En Buena Onda cuatro jóvenes cuentan en qué lugar de Argentina van a pasar o han pasado las vacaciones. Escucha y relaciona las fotos con los nombres de los lugares. Ojo: Hay dos fotos que no necesitas.

El Calafate y El Chaltén | Puerto Iguazú | Mendoza | San Carlos de Bariloche

A

B

C

D

E

F

b Escucha otra vez y completa la tabla con la información que dan los cuatro jóvenes. Compara después con tu compañero/-a y completad vuestros apuntes.

	¿A qué lugar va o ha ido?	¿Dónde se encuentra el lugar?	¿Cómo es el clima en ese lugar?	¿Qué actividades se pueden hacer allí? Apunta tres.
Virginia				
Omar				
Juanse				
Pilar				

p. 153/8.2

6 Un lugar muy interesante

Después de haber escuchado lo que los jóvenes del ejercicio 5 cuentan sobre sus vacaciones en esos cuatro lugares, elige el que más te interesa y busca más información. Presenta tus resultados en una charla de dos minutos.

p. 155/10

7 Entre idiomas

Du bist mit deinen Eltern im Urlaub in Argentinien. Heute seid ihr in der Provinz Santa Cruz, in Patagonien, und nehmt an einer Führung durch die *Cueva*[2] *de las Manos* teil. Deine Eltern sprechen kein Spanisch und haben viele Fragen. Höre dir an, was der Touristenführer über die Geschichte der Höhle erzählt und beantworte die Fragen deiner Eltern.

- Warum sind die Malereien in dieser Höhle so wichtig?
- Von wann sind denn die ältesten Malereien in dieser Höhle?
- Sagt der Guide etwas darüber, wie die Hände gemalt wurden?
- Welche anderen Motive sind auf den Höhlenwänden zu sehen, und was bedeuten sie?

Diese Wörter hast du in einer Wörterbuch-App nachgeschaut:
– la pintura: die Malerei, die Farbe
– la pared: die Wand
– la piedra: der Stein

1 **la cueva** die Höhle

Gr
p. 14/8.8.7

8 ¿Qué había pasado antes?

Mira las imágenes e inventa cómo terminan las frases de Celia (1 - 4) y de Javier (5 - 8). Usa el pretérito pluscuamperfecto. Para las últimas dos frases puedes usar tu imaginación.

1 Antes de viajar a Argentina ya ____

____

2 Cuando mis padres y yo llegamos a Argentina, ya ____________________________

____

3 La semana pasada hablé de ese viaje con Raquel porque ______________________

____

4 Cuando empecé a buscar información para el programa, todavía no ______________

____

5 Antes de empezar a trabajar con Buena Onda ya ____________________________

____

6 Cuando hablé con Celia y Alejandro sobre el programa, todavía no ______________

____

7 Ayer me acosté tarde porque ____

8 Anteayer[1] me alegré mucho porque ____

9 El pretérito pluscuamperfecto

¿Qué frases sobre el tiempo verbal "pretérito pluscuamperfecto" son correctas? Márcalas con una cruz y compara después con tu compañero/-a.

1 Uso el pretérito pluscuamperfecto cuando hablo de cosas que pasan en el presente.

2 Para formar el pretérito pluscuamperfecto necesito el verbo *haber*.

3 Marcadores típicos del pretérito pluscuamperfecto son *ya*, *hasta ahora*, *siempre* y *nunca*.

4 Una parte de las formas del pretérito pluscuamperfecto es el participio del verbo.

5 La primera y la tercera persona del singular son las mismas en pretérito pluscuamperfecto.

6 Uso el pretérito pluscuamperfecto para hablar de acciones que pasaron antes que otras en el pasado.

1 **anteayer** vorgestern

10 Una deportista argentina

Una de las deportistas argentinas más famosas es Paula Pareto. A Celia le interesa el yudo[1] y quiere presentarla en el programa. Completa el texto con las formas de los verbos de las casillas en pretérito indefinido, perfecto, imperfecto y pluscuamperfecto.

acompañar | empezar | ganar | gustar | ir | nacer | practicar | ser

Paula Belén Pareto es una médica y deportista argentina. (1) ________________ la primera mujer argentina que (2) ________________ una medalla de oro[2] en yudo en los Juegos Olímpicos. Pareto (3) ________________ el 16 de enero de 1986 en San Fernando, en la provincia de Buenos Aires.

De niña, le (4) ________________ todos los deportes y durante algunos años (5) ________________ tenis, natación[3], gimnasia[4] y voleibol[5]. (6) ________________ a practicar yudo cuando tenía nueve años, junto con su hermano menor Marco. (7) ________________ (ellos) varias veces por semana a un club cerca de su casa y muchas veces los (8) ________________ su padre Aldo, un gran fan del yudo.

decir | estudiar | ganar | intentar | participar | soñar | terminar

Hasta ahora Paula Pareto (9) ________________ en tres Juegos Olímpicos de Verano. (10) ________________ una medalla de bronce en Pekín 2008 y la medalla de oro en Río de Janeiro 2016; en Londres en 2012 (11) ________________ en la quinta posición. Como (12) ________________ en varias entrevistas, Pareto nunca (13) ________________ con tener tanto éxito, pero siempre (14) ________________ hacerlo lo mejor posible.

Además de tener éxito en su deporte, Pareto (15) ________________ Medicina: en 2014 (16) ________________ sus estudios en la Universidad de Buenos Aires y desde ese año trabaja en el Hospital de San Isidro, cerca de la capital.

11 La cantante del momento

Jana, una fan alemana de Buena Onda, le escribe un e-mail a Javier. Corrige los 15 errores y escribe las palabras correctas en las líneas.

Hola, Javier:
Escuchaba vuestra programa esta mañana y me parecía muy interesante. ________________
Pero ¿por qué no habían dado más información sobre la música actual? ________________
El año pasado una amiga me ha hablado de Tini Stoessel y desde ese momento soy una fan. ¿Habías sabido que además de cantante es actor ________________
y que hace ningunos años escribía un libro? ________________
Yo no vio su serie “Violetta” antes de conocer sus canciones, pero ahora veía todos los episodios, claro. Me parece que la música de Tini va a ________________
gustar vuestros oyentes y que su vida es muy interessante. Os recomiendo ________________
poner el canción “Siempre brillarás” porque es mucho bonita. ________________
Adiós, Jana

1 **el yudo** das Judo | 2 **la medalla de oro/de bronce** die Gold-/Bronzemedaille | 3 **la natación** das Schwimmen
4 **la gimnasia** die Gymnastik | 5 **el voleibol** das Volleyball

12 Un poco de música argentina

a Javier, Alejandro y Celia quieren preparar una presentación sobre la música de Argentina. Lee qué dice Javier sobre los cantantes o grupos y relaciónalo con las canciones que escuchas.

A A mi hermana le apasiona la música de Tini: tiene una voz bonita y hace canciones pop alegres y muchas veces románticas. No es el estilo de música que más me gusta, pero tiene mucho éxito.

B Wos es un cantante muy famoso del trap latino. Su música es genial para bailar en las fiestas y me parece buenísima la letra de sus canciones.

C No conozco ningún argentino al que no le guste el tango por lo menos un poquito. Puede parecer música de viejos, pero la verdad es que a veces me gusta escucharlo. Y Carlos Gardel es un clásico, ¡es el mejor!

D En Argentina el rock tuvo su mejor momento en los años 90, y el grupo más famoso fue Soda Stereo. Le dicen el más importante y más popular de los grupos en español de todos los tiempos, ¡imagínense! En mi casa siempre escuchamos Soda Stereo porque a mis padres les encanta, pero también lo siguen poniendo mucho en los bares.

b Escucha las canciones otra vez. ¿Cuáles (no) te gustan y por qué? Describe la melodía, el ritmo y la voz o las voces de los/las cantantes.

Así se dice: Hablar de una canción

El ritmo es …	rápido/-a ≠ lento/-a
La voz del/de la cantante suena …	alegre ≠ triste
La melodía es/suena …	tranquilo/-a ≠ agresivo/-a
La letra es/habla de …	monótono/-a[2] ≠ pegadizo/-a[3]
El estribillo[1] es/suena …	romántico/-a

13 ¿Qué es?

p. 141/1.3

a Los chicos han hablado sobre muchas cosas para preparar el programa sobre Argentina. Relaciona las palabras 1-8 con las definiciones correctas a la derecha. Comprueba después con un diccionario.

1 la avenida
2 convidar a alguien a algo
3 el sueño
4 esquiar
5 la selva
6 estar preocupado/-a
7 el héroe/la heroína
8 la catarata

A lo que haces cuando le ofreces comida o bebida a alguien
B un paisaje parecido a un bosque donde viven animales como los monos, por ejemplo
C el lugar donde el agua de un río cae unos metros y sigue corriendo
D una calle ancha que normalmente tiene árboles a sus dos lados
E lo que haces cuando ha nevado en la montaña y quieres hacer deporte
F una persona que puede tener poderes especiales y que hace el bien
G lo que imaginas mientras estás durmiendo
H lo que sientes cuando tienes miedo de que pase algo malo

Gr p. 7/3.7

b Escribe para cada palabra una definición como las de a). Forma frases con los pronombres *que*, *donde* o *lo que*.

1 el tango ______

2 el peso ______

3 admirar ______

4 la cancha ______

5 el glaciar ______

1 el estribillo der Refrain | **2 monótono/-a** eintönig | **3 pegadizo/-a** eingängig

Die Lieder werden aus rechtlichen Gründen nicht als Download angeboten. Sie befinden sich auf der CD/BiBox für Lehrkräfte.

14 Fiestas argentinas

a **A lo largo del año, en Argentina se celebran muchas fiestas y festivales: algunos en una ciudad o región, otros en todo el país. ¿Qué se puede ver en las fotos? ¿Qué (tipo de) fiesta creéis que se celebra en cada una de ellas? Mirad las fotos y hablad en parejas.**

b **En Buena Onda, cuatro jóvenes de diferentes partes de Argentina hablan de la fiesta que más les gusta y de cómo se celebra en su ciudad. Escucha y relaciona cada audio con una foto.**

p. 144/4.1

c **Escucha los audios otra vez y completa la tabla.**

persona	nombre de la fiesta	fecha	lugar	actividades
Sofía				
Lisandro				
Sebastián				
Marcela				

p. 147/6c

d **Elige una actividad.**

1 Escribe un e-mail de unas 150 palabras a un/a locutor/a de Buena Onda y comenta el programa que has escuchado sobre las fiestas argentinas. Cuéntale en cuál de las fiestas te gustaría participar y por qué.
2 Escribe un e-mail de unas 150 palabras a uno de los cuatro jóvenes que has escuchado hablar sobre su fiesta favorita. Cuéntale sobre alguna fiesta que se celebra en tu región y explica cómo es y qué te gusta de esa fiesta.

p. 143/3

15 Vivir en la metrópolis

Lee otra vez los comentarios de los tres jóvenes de la página 89 del libro y relaciona cada frase con uno o dos de los jóvenes. Marca los nombres con una cruz y escribe también en qué línea(s) encuentras la información.

	Esteban	Camila	Joaquín	línea(s)
1 Sigo viviendo en la ciudad en la que he vivido siempre.				
2 Me encanta el deporte.				
3 Me gustan las actividades culturales.				
4 Me preocupa la situación social en mi ciudad.				
5 Los viajes largos de un lugar de Buenos Aires a otro me parecen un problema.				
6 De momento no vivo con mis padres.				
7 La ciudad ideal tiene que tener muchos espacios verdes.				

p. 155/10

16 Entre idiomas

Dein spanischer Freund Borja wird nach Argentinien reisen, um Patagonien zu erkunden. In Buenos Aires wird er nur zwei Tage verbringen, deshalb möchte er sich nur das Stadtzentrum anschauen. Schreibe ihm eine E-Mail von etwa 80 Wörtern und erkläre ihm, warum er La Boca auf keinen Fall verpassen darf. Lies dafür den Text und erzähle ihm, wie La Boca ist und was er dort sehen kann und erzähle ihm auch von der Geschichte des Viertels.

La Boca, Buenos Aires – Tango, bunte Häuser und ein Fußballheld

La Boca, das ist Tango, Fußball und das traditionelle Herz von Buenos Aires. Die bunten Wellblechhäuser der kleinen Gasse *Caminito* in La Boca zählen zu den beliebtesten Fotomotiven der argentinischen Hauptstadt. Hier wimmelt es von Souvenirshops, Restaurants, Bars und der Tango ist allgegenwärtig. [...]

La Boca ist ein Ort voller Tradition und Geschichte. Und vieler bunt bemalter Häuser. Ich habe mich gewundert. Nirgends in Buenos Aires sieht es so aus wie hier. Warum, erfahre ich im *Centro Cultural La Boca*. La Boca wurde von Immigranten gegründet. Arme, mittellose, meist junge Männer aus Spanien und vor allem Italien suchten Ende des 19. Jahrhunderts auf dem neuen Kontinent nach einem besseren Leben für sich und ihre Familien. Die meisten von ihnen arbeiteten direkt hier am Hafen als einfache Arbeiter und Tagelöhner. Sie lebten in den *Conventillos*, einfachen Holz- und Wellblechhäusern, die mit übrig gebliebenen Materialien und Farben aus dem Schiffbau verschönert wurden. Die *Conventillos* hatten eine Gemeinschaftsküche, ein Bad und viele Arbeiter teilten sich zu dieser Zeit ein Zimmer oder Bett. [...]

Der Ursprung des Tourismus in La Boca und besonders *Caminito* liegt im Tango. Selbst auf den Straßen tanzen die Menschen. Bei Tag und bei Nacht. Er zieht die Massen und auch Reisende an. Egal ob Wirtschaftskrise oder Militärdiktatur – der Tango versprüht positive Emotionen und strahlt *la pura vida* – Lebensfreude aus. [...]
Carlos Gardel ist der König des Tangos, der berühmteste Tangosänger der Welt, der 1935 bei einem Flugzeugunglück ums Leben kam und eine echte Legende in Argentinien ist. Dann kamen die Peruaner und starteten den Verkauf von Kunst und Souvenirs in den Straßen La Bocas. Eine Prise Tango, eine Prise Farbe, eine Prise Kunst – fertig ist [die Touristenattraktion].

Tischer, Daniel: La Boca, Buenos Aires. In: Southtraveler. https://southtraveler.de/la-boca-buenos-aires/ [07.06.2021]

17 El barrio de la Boca

p. 145/4.2

a **La Boca es uno de los barrios más famosos de Buenos Aires. Mira el vídeo y describe tu primera impresión. ¿Cómo es el barrio de la Boca? ¿Qué te llama la atención de sus edificios?**

b **Mira el vídeo otra vez y contesta a las preguntas.**

1 ¿Por qué llegaron muchos inmigrantes a la Boca en el siglo XIX? ______________________________

____

2 ¿Qué aspecto tiene la Plazoleta de los Suspiros? ______________________________

____

3 ¿Qué es el "Caminito" y qué hay allí? ______________________________

____

4 ¿Qué dice el vídeo sobre el club de fútbol Boca Juniors? ______________________________

____

5 ¿Dónde se encuentra el Museo de Bellas Artes Benito Quinquela Martín? ______________________________

____

18 Lo interesante del barrio de la Boca

Gr p. 8/4.3

a **Has pasado unos días en Buenos Aires y el barrio de la Boca te ha impresionado. Habla con tu compañero/-a sobre tus impresiones. Haz por lo menos cinco frases con la información de las casillas usando *lo* + adjetivo y *lo que* + verbo como en el ejemplo.**

Lo triste de las casas coloridas de la Boca es imaginar las condiciones de vida[1] de los inmigrantes hace cien años.

Lo que me encantó de la Boca fueron las personas que bailaban tango.

bueno • especial • interesante • malo • mejor • peor • ~~triste~~ • ...

(no) gustar • ~~encantar~~ • interesar • molestar • ...

~~las condiciones de vida[1] de los inmigrantes~~ • los turistas • el estadio de Boca Juniors • ~~las personas que bailaban tango~~ • los pintores que venden sus dibujos en Caminito • los colores • los bares y restaurantes • la historia del tango • ...

b **Escribe un texto de unas 120 palabras sobre tu ciudad favorita o sobre un barrio de tu ciudad favorita. ¿Dónde se encuentra? ¿Qué es lo bueno, lo malo y lo especial? Graba tu texto y presenta el audio en clase. Si quieres, también puedes hacer un vídeo.**

1 **las condiciones de vida** die Lebensbedingungen

Das Video wird aus rechtlichen Gründen nicht als Download angeboten. Es befindet sich auf der CD-ROM/BiBox für Lehrkräfte.

19 Atracciones de Buenos Aires

Mariela, una amiga de Javier, ha escrito unos textos cortos para la página web de Buena Onda, recomendando sus lugares favoritos de la capital. No tiene mucha experiencia escribiendo, por eso le ha pedido a Javier que corrija sus textos. Mejora el estilo de los comentarios formando frases de relativo con *que*, *donde* o *lo que*.

En la calle Santa Fe se encuentra la librería El Ateneo Grand Splendid. La librería antes era un teatro. Recomiendo visitarla porque además de comprar libros puedes sacar fotos espectaculares. Esto me encanta.

Mi museo favorito en Buenos Aires es la Usina del Arte. La Usina se encuentra en el barrio de la Boca y es, en realidad, un centro cultural. El año pasado vi una exposición de David LaChapelle allí. La exposición fue genial.

Otro de mis lugares favoritos para sacar fotos es el Cementerio[1] de la Recoleta. Allí puedes ver las tumbas[2] de muchos famosos y la arquitectura es muy interesante. El barrio Recoleta también es bonito y tiene cafés y restaurantes buenos. Esto significa que puedes pasar todo el día caminando por esa zona.

En el centro del barrio de San Telmo se encuentra la Plaza Dorrego. En esa plaza los domingos hay un mercado muy interesante, pero está lleno de gente y de vida todos los días de la semana. Alrededor de[3] la plaza se encuentran cafés, bares y tiendas. Esas tiendas venden artesanías[4]. Siempre hay música y personas que bailan tango en la plaza. Esto hace que todos los turistas quieran conocerla.

1 **el cementerio** der Friedhof 2 **la tumba** das Grab 3 **alrededor de** um ... herum 4 **la artesanía** das Kunsthandwerk

p. 153/8.2

20 Museos de Buenos Aires

Hablando de la vida en la metrópolis, Esteban y Joaquín dicen que lo mejor que tiene Buenos Aires es su oferta de actividades culturales. Busca en internet el museo o el centro cultural de Buenos Aires que más te interese y preséntalo en clase. Aquí encuentras una lista de los museos y centros culturales de Buenos Aires: WES-112639-006. Habla dos minutos y explica a tus compañeros/-as:

- qué puedes ver allí,
- por qué lo has elegido,
- dónde se encuentra,
- cómo se llega,
- cuándo está abierto,
- cuánto cuesta la entrada.

21 ¿Vivir en el pueblo o en la ciudad?

a Dividid la clase en dos grupos. Un grupo prepara argumentos a favor de la vida en el pueblo, el otro grupo prepara argumentos a favor de la vida en la ciudad. Usad las expresiones de "Así se dice".

p. 151/8.1

b Cada grupo envía a dos personas para discutir el tema, ellas se sientan en el centro de la clase. Otras cinco personas de su grupo se sientan detrás de ellas y pueden ayudar hablándoles al oído[1]. El resto de la clase escucha y después hace preguntas.

Así se dice: Argumentar en una discusión

para presentar un tema:	**para dar tu opinión:**	**para contradecir:**	**para comparar diferentes posiciones:**
Es que ...	En mi opinión ...	Entiendo tu opinión, pero ...	Por un lado ..., por otro lado ...
El problema es que ...	Para mí ...	No pienso como tú.	Estoy a favor de ...
La verdad es que ...	Creo/Pienso que ...	Creo/Pienso que no es así.	Estoy en contra de ...

1 **hablar al oído** einflüstern

Gr
p. 22/8.11

22 Antes de ir

Tu amiga española Bea quiere hacer un intercambio con Argentina y le han ofrecido ir a Buenos Aires o a un pueblo pequeño cerca de Bariloche, en la Patagonia. Dale consejos completando las frases. A veces tienes que usar el infinitivo, otras veces el subjuntivo del verbo entre paréntesis.

1 Busca información sobre los dos lugares antes de ________________ (tomar, tú) la decisión.

2 Piensa qué quieres hacer en tu tiempo libre para que el intercambio ________________ (ser) espectacular.

3 Por supuesto, te va a encantar vivir en Buenos Aires para ____________ (conocer, tú) los teatros de la ciudad.

4 Por otro lado, a ti te apasiona esquiar y en Bariloche puedes hacerlo sin que ______________ (ser) muy caro.

5 Pero infórmate también sobre el clima de Bariloche para que el tiempo no te ______________ (sorprender).

6 Antes de que ________________ (decidirse, tú), seguramente la agencia te puede enviar más información sobre las familias de intercambio de los dos lugares.

7 Estar con una familia simpática es lo más importante para que ________________ (sentirse, tú) bien.

Gr
p. 23/9.2

23 Qué hacer en Rosario

María, una amiga de Alejandro, va a ir de vacaciones a Argentina con su familia. Van a visitar también Rosario, donde vive Javier, por lo cual Alejandro le ha pedido consejos a Javier para su amiga. Lee la lista de consejos y formula lo que Alejandro le cuenta ahora a María. Usa el discurso indirecto como en el ejemplo.

Ejemplo
Javier dice que camines ...

1 *Camina* por el Monumento a la Bandera[1], el símbolo de la ciudad, y *sube* al mirador[2].
2 *Visita* el Acuario del río Paraná, mi museo favorito en Rosario, y *conoce* los peces y otros animales de la región.
3 *Pasa* una tarde en la Isla de los Inventos, un centro cultural con muchas actividades para niños y jóvenes.
4 *Haz* una visita guiada[3] en el Teatro El Círculo, uno de los edificios más lindos del centro.
5 *Ve* al Parque Independencia y *alquila* un bote de pedales[4] para recorrer el lago y tomar el sol.
6 *Cruza* el puente Rosario-Victoria en coche y *disfruta* de la vista sobre el río Paraná y las islas.
7 *Toma* algo en la playa de Rosario, en uno de los bares de la costanera.
8 *Haz* una excursión en kayak por el río Paraná.

el Monumento a la Bandera

24 Palabras en parejas

a Escribe para cada palabra un sinónimo (=) o un antónimo (≠). Todas las soluciones son palabras nuevas de esta Unidad.

1 privado/-a	≠	____________	**6** nacer	≠	____________
2 la foto	=	____________	**7** encantar	=	____________
3 la montaña	=	____________	**8** contratar	≠	____________
4 la pobreza	≠	____________	**9** arriba	≠	____________
5 los habitantes	=	____________	**10** al fondo	≠	____________

b Escribe con al menos 5 de las soluciones de a) un texto de unas 120 palabras para tu blog. Puedes escribir sobre un viaje, sobre un día especial o sobre un lugar que te gusta. Haced una competición en clase: ¿quién puede usar más palabras de a) en su texto?

1 **la bandera** die Fahne | 2 **el mirador** der Aussichtsturm | 3 **la visita guiada** die Führung | 4 **el bote de pedales** das Tretboot

Sueños para el futuro

1 Profesiones

a ¿Qué profesión es? Escucha y completa las palabras. Después comprueba con un diccionario si las has escrito bien. Apunta también la palabra en alemán.

p. 141/1.3

1 el c i r u j a n o = der Chirurg

2 la a __ __ __ a __ a = ____________

3 la __ a __ __ i n __ __ __ a = ____________

4 el __ i __ e __ a d __ __ = ____________

5 la i __ __ e n __ ´ __ r a = ____________

6 el/la e l __ c __ __ __ c i s t __ = ____________

7 el __ s i __ ó __ __ g o = ____________

8 el/la __ e __ i __ t r __ = ____________

b Mira los dibujos y relaciónalos con las profesiones correctas.

1 

2 

3 

4 

5 

6 

el/la peluquero/-a | el/la camarero/-a | el/la vendedor/a | el/la policía | el/la taxista | el/la tenista

2 El futuro profesional

p. 143/3

Lee el texto 3 de la página 100 del libro y marca con una cruz las frases correctas.

1 En su programa Gilberto presenta ...
- a los planes de los locutores para el futuro profesional.
- b los planes de los radioyentes.
- c las profesiones del futuro.

2 Profesor, arquitecto y periodista son ...
- a las profesiones más deseadas en España.
- b algunas de las profesiones más especiales.
- c algunas de las profesiones más comentadas en el foro.

3 Gilberto piensa que María Alejandra ...
- a va a salvar muchas vidas.
- b va a tener una responsibilidad demasiado grande.
- c puede cumplir su sueño.

4 Diego y su hermana quieren ser profesores, ...
- a pero no les gusta corregir los deberes.
- b pero no tienen ganas de jugar con los niños en el recreo.
- c pero no les gustan las excursiones.

5 Juan Manuel ...
- a quiere trabajar en una ONG en el futuro.
- b prefiere hacer unas prácticas antes de elegir una profesión.
- c ya ha hecho unas prácticas y un voluntariado.

6 Gilberto quiere ser ...
- a periodista o físico.
- b astronauta o físico.
- c astronauta o profesor de Física.

Gr p. 24/9.4

3 Si tengo tiempo ...

a **Gilberto ha apuntado las cosas que quiere hacer esta semana. Forma frases condicionales con sentido como en el ejemplo. Puedes usar las ideas de la casilla azul.**

Ejemplo
Si tengo tiempo, quedo con mis amigos.

~~tener tiempo~~ • ir al Planetario • hacer buen/mal tiempo • mi prima llamar por teléfono • mis amigos tener tiempo • quedarse en casa • hacer una excursión • ~~quedar con mis amigos~~ • ir al cine • hablar del programa de Buena Onda ...

b **Trabajad en grupos de tres. Cada uno/-a escribe en tarjetas cuatro actividades en infinitivo como en el ejemplo. Meted todas las tarjetas en una bolsa. Tirad el dado dos veces (una para cada parte de la frase) y sacad dos tarjetas. Formad frases. ¿Cuál es la más loca de cada grupo?**

(2) = tú

(6) = ellos/ellas/ustedes

comer un helado | *acostarse temprano*

Si (tú) comes un helado, (ellos) se acuestan temprano.

4 Los sueños de tres jóvenes

p. 144/4.1

a **Escucha lo que cuentan Youssef, María y Juan sobre sus sueños y completa la tabla. Después comparad vuestros apuntes en clase.**

	Youssef	María	Juan
¿Cuál es su sueño?			
¿Qué problemas tiene para cumplir su sueño?			
¿Qué hace para conseguirlo y quién/es lo/la ayudan?			

b **Después de escuchar los sueños de los jóvenes, ¿qué te gustaría decirles? Elige a uno/-a de los tres y escríbele un e-mail de 100 palabras en el que le cuentas qué piensas sobre su sueño. Por ejemplo, puedes contarle tu propia experiencia, darle consejos o desearle suerte para cumplir su sueño.**

5 Un proyecto europeo

a **Tu clase participa en un proyecto europeo para comparar los sueños y planes de los jóvenes. En grupos inventad tres preguntas sobre el tema "Mis sueños y mis planes" (sobre profesión, familia, lugar y forma de vivir) con respuestas múltiples como en los ejemplos de la derecha. Después haced la encuesta.**

b **Juntad todas las preguntas en clase. Repartid la encuesta y contestadla sin poner vuestros nombres en la hoja.**

c **Haced una estadística con los resultados. Presentadla y comentadla en clase. ¿Qué os llama la atención de los resultados?**

(chico _ / chica _)
Después de terminar el instituto ...
• me gustaría estudiar.
• voy a buscar un trabajo.
• no quiero hacer nada.
• ...

(chico _ / chica _)
En diez años me gustaría vivir ...
• solo/-a.
• en un piso con amigos.
• con mi novio/-a.
• ...

Gr p. 7/4.2

6 Este es mi instituto

Raquel está enseñando el instituto a una compañera nueva. ¿Qué dice? Completa las frases con el adjetivo adecuado. Hay varias opciones posibles. ¡Ojo con la posición del adjetivo!

antiguo | bueno | grande | nuevo | único

1 Mira, tenemos una __________ biblioteca __________. La acaban de construir.
Tiene una __________ sala de lectura __________, es realmente enorme, ¿no?

2 Esta es la cafetería. Aquí puedes hacer __________ amigos __________. Y si tienes hambre,
cómprate un __________ bocadillo __________. Los de atún están muy ricos.

3 ¿Sabes? Tenemos una __________ profesora __________ de inglés. Es maja y me encantan sus clases.
Antes me aburría mucho en clase de Inglés porque el __________ profesor __________ no me caía bien.

4 ¿Ya has visto la oferta de prácticas? Aunque es una __________ empresa __________, es una
__________ oportunidad __________.

7 Espacio cultural

a En parejas mirad el sistema escolar de España y completad las frases con las palabras correspondientes.

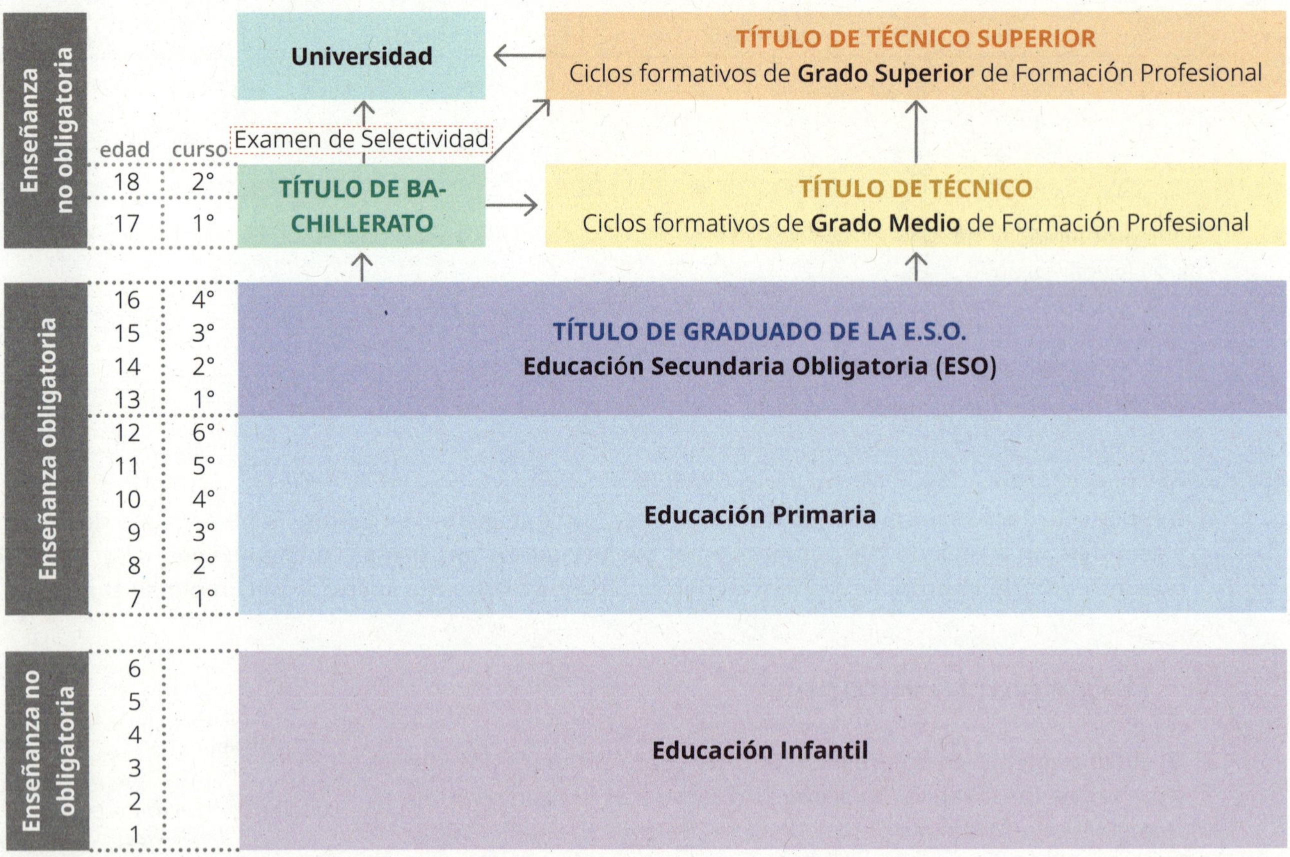

1 La enseñanza para los niños de tres años se llama Educación __________________________.

2 La abreviatura[1] de Educación Secundaria Obligatoria es __________________________.

3 Después de terminar la Educación Secundaria Obligatoria sacas el Título de __________________________.

4 Un/a alumno/-a de 9 años está en la Educación __________________________.

1 **la abreviatura** die Abkürzung

5 Con la Selectividad puedes empezar con la ______________________________.

6 Para tener un Título de Técnico tienes que hacer una Formación ______________________________.

b **A tu compañero/-a de intercambio le interesa cómo es el sistema educativo en tu país. Escríbele un e-mail de unas 120 palabras, explícale cómo es y compáralo con el sistema español. Puedes escribir sobre los siguientes temas:**
- las partes diferentes
- las partes obligatorias
- la edad de los alumnos de cada parte

p. 155/10

8 Entre idiomas

Du hast ein Austauschjahr in Spanien verbracht und am Ende des Schuljahres ein Zeugnis erhalten. Zurück in Deutschland zeigst du es deinen Eltern. Beantworte ihre Fragen.

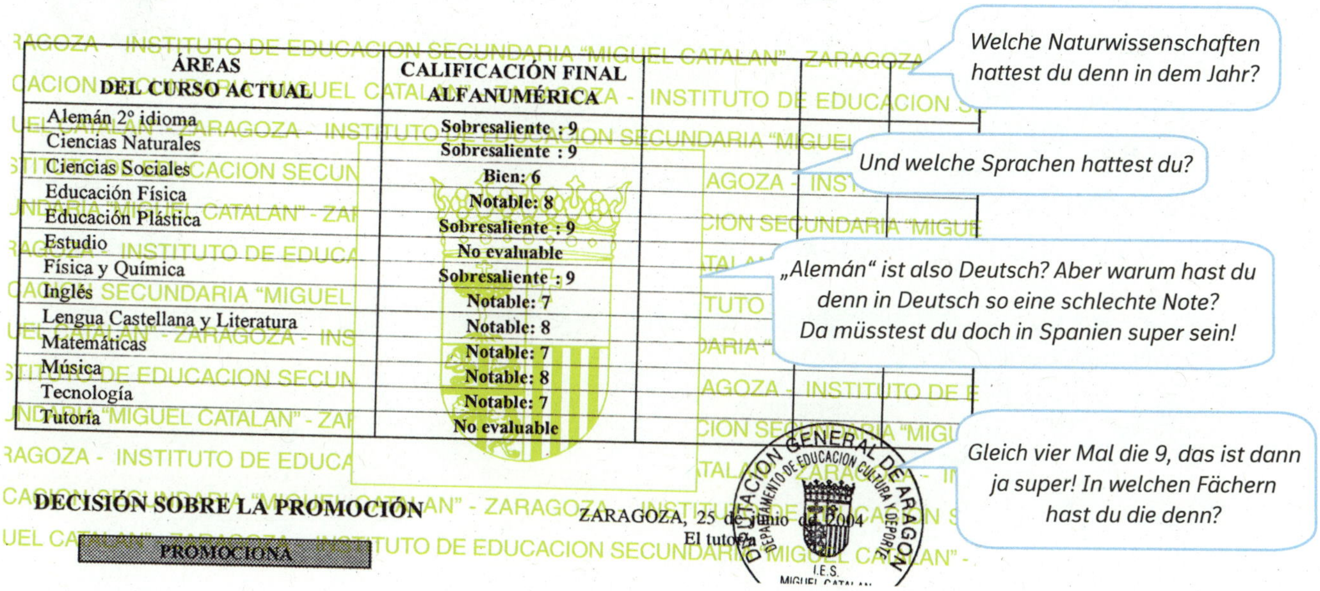

ÁREAS DEL CURSO ACTUAL	CALIFICACIÓN FINAL ALFANUMÉRICA
Alemán 2º idioma	Sobresaliente : 9
Ciencias Naturales	Sobresaliente : 9
Ciencias Sociales	Bien: 6
Educación Física	Notable: 8
Educación Plástica	Sobresaliente : 9
Estudio	No evaluable
Física y Química	Sobresaliente : 9
Inglés	Notable: 7
Lengua Castellana y Literatura	Notable: 8
Matemáticas	Notable: 7
Música	Notable: 8
Tecnología	Notable: 7
Tutoría	No evaluable

DECISIÓN SOBRE LA PROMOCIÓN
PROMOCIONA

ZARAGOZA, 25 de junio de 2004
El tutor/a

9 Palabras

a **Escribe para cada palabra un sustantivo de la misma familia de palabras.**

1 jugar – ____________
2 creativo – ____________
3 soñar – ____________
4 responsable – ____________
5 imaginar – ____________
6 respetar – ____________
7 el café – ____________
8 la música – ____________
9 el periódico – ____________
10 el programa – ____________

140/1.1d

b **En grupos pequeños mirad ahora las terminaciones de los sustantivos del ejercicio a), los sufijos, y apuntadlos. ¿Qué otros sufijos de sustantivos conocéis? Haced una lista y apuntad dos sustantivos para cada uno de los sufijos que habéis encontrado. Comparad después en clase.**

El idioma

El **sufijo** es la parte final de los sustantivos, pero también de los verbos, adjetivos, adverbios ... Para encontrar el sufijo de una palabra, es importante reconocer su raíz (Wortstamm):

raíz:	sufijo:	
com-	-er	*(verbo)*
com-	-estible[1]	*(adjetivo)*
la com-	-ida	*(sustantivo)*
enferm-	-ar(se)[2]	*(verbo)*
enferm-	-o/-a	*(adjetivo)*
el/la enferm-	-ero/-a	*(sustantivo)*

1 **comestible** essbar | 2 **enfermar(se)** krank werden

10 El currículum de Lisa

p. 144/4.1

a **Lisa, una chica del instituto de Gilberto, quiere hacer unas prácticas este verano. Escucha la entrevista y completa su currículum con los datos que faltan.**

Nombre: Lisa
Apellido(s): Fernández ____________
Lugar de nacimiento: ____________
Edad: ____________
Nacionalidad: colombiana/alemana
Dirección: Avenida Jorge Sepúlveda nº 12 3°A
Teléfono móvil: 3142182581
Dirección de correo electrónico: lisaferni@yadoo.com
Formación escolar: Grundschule Altona de Hamburgo, ____________ San José Norte de Bogotá
Idiomas: ____________, ____________, ____________

Experiencia laboral:

Desde ________: cuidar a dos niños de ____________ y ____________ años
Desde ________: dar clases de ________ a ________ de ____________ años
Hobbies: ____________, ____________, ____________

b **¿Para cuál de estas ofertas de prácticas está haciendo Lisa la entrevista? Justifica tu respuesta.**

- [a] dar clases de francés para niños a partir de los 6 años
- [b] trabajar como animador/a para niños de 4 a 10 años de todo el mundo
- [c] trabajar en una granja durante los meses de verano

c **Trabajad en parejas. ¿Qué preguntas creéis que le hace Lisa a la entrevistadora? Escribid el resto del diálogo que habéis escuchado en a) y después representadlo en clase.**

____
____
____
____
____
____

11 Trabajar de *au pair*

En parejas haced el juego de rol de las páginas 77 y 78.

12 A tu manera

Elige una actividad.

1 En parejas haced una lista con las ventajas y desventajas de vivir un tiempo en el extranjero después de terminar el instituto. Después haced un juego de rol. Hablan la madre/el padre con el/la hijo/-a o un/a joven con su mejor amigo/-a, por ejemplo.
A está a favor de irse al extranjero y *B* está en contra.
Representad la discusión en clase.

2 Quieres hacer unas prácticas en Argentina. Lee el anuncio y escribe una carta de presentación. Explica qué actividades te interesan y por qué.

3 En grupos planead vuestro año en el extranjero. ¿A qué país queréis ir, en qué ONG queréis trabajar, dónde vais a vivir, cuánto cuesta el vuelo …? Decidid cómo vais a presentar los resultados en clase (un cartel, una presentación con fotos, etc.)

Buenos Aires en directo
Buscamos jóvenes para colaborar durante los meses de verano en nuestra radio juvenil Buenos Aires en directo. Vas a conocer la radio desde dentro y nos ayudarás a preparar programas de música, arte, literatura y deporte. Si te interesa, escríbenos a ba_directo@mail.com.

13 Una oportunidad increíble*

En parejas haced el ejercicio tándem de la página 76.

p. 155/10

14 Entre idiomas

Dein spanischer Freund hat dir geschrieben, dass er nach der Schule ein Jahr in Paraguay verbringen will, um in der Stadt Ciudad del Este für eine NGO zu arbeiten. Er ist etwas besorgt, weil er gehört hat, dass man in Paraguay nicht nur Spanisch spricht, und er nicht weiß, ob er dann mit den Leuten kommunizieren kann. Du hast gerade diesen Text im Internet gelesen und willst ihm erzählen, was du über die verschiedenen Sprachen in Paraguay erfahren hast. Schreibe ihm eine E-Mail (ca. 80 Wörter).

Zuhause in Paraguay

Seit vier Wochen befinde ich mich in dem wunderschönen Paraguay. Schon jetzt habe ich vermutlich so viel erlebt wie in den letzten Jahren meines Lebens. Mir war von Anfang an klar, dass in Paraguay vieles anders sein würde als in Deutschland. Ich wurde von meinen Gasteltern am Flughafen abgeholt und erstmal ging es nach Hause. Mein Haus liegt in San Pedro/Ostparaguay, etwa 200 km vom Flughafen entfernt. Nach der Ankunft wurde ich von meinen Geschwistern begrüßt: "Maitei, Fabienne! Mba 'eichapa reko?" Ich war schockiert. – "Perdón, no he entendido", antwortete ich freundlich.

Damals wusste ich nichts über Guaraní, die native Sprache der Guaraní-Indianer, die heute noch im Westen des Landes leben. Mir war schon klar, dass eines der größten Abenteuer eines Austauschjahres immer das Erlernen einer neuen Sprache ist, aber ich dachte, bei mir würde es das Spanischlernen sein. Hier ist Spanisch zwar die hauptsächlich genutzte Sprache, aber Guaraní wird von 90% Prozent der Einwohner gesprochen, vor allem als Umgangssprache gemischt mit Spanisch. Daher gilt Paraguay offiziell als zweisprachig. Die Realität ist jedoch komplizierter: Die Schulbildung findet auf Spanisch statt, allerdings wird Guaraní als ein weiteres Fach unterrichtet.

„Zuhause" habe ich mich in meiner Gastfamilie ab der ersten Minute gefühlt. Auch interessant ist, wie man von den verschiedenen Familienmitgliedern vorgestellt wird. So bin ich für meine ältere Schwester immer noch die „Gastschwester", während sich für meinen jüngeren Bruder gar nicht mehr die Frage stellt, ob ich seine Schwester bin. Die schönste Beschreibung kam von meinem Gastvater, als er mich einmal als seine „hija del corazón", seine Herzenstochter, vorstellte! Mittlerweile sehe ich das genauso, ich brauchte nur ein bisschen mehr Zeit, mich an diese Selbstverständlichkeit zu gewöhnen.

*nur für Sachsen-Anhalt und Thüringen

15 De todo un poco

Tu amigo español está preparando su viaje a Paraguay y busca información sobre el país en internet. Completa el texto con las palabras correctas.

La República del Paraguay es el séptimo (1) __________________ más grande de Sudamérica. Tiene siete millones de habitantes y la mayoría (2) __________________ ellos son mestizos[1]. Situado en la zona central de Sudamérica, Paraguay no tiene salida al mar y recibe menos turistas que sus vecinos Brasil y Argentina. En Paraguay hay (3) __________________ grandes ríos, el Paraguay y el Paraná, que (4) __________________ muy importantes porque sirven de puerto marítimo y comercial. La capital de Paraguay, Asunción, es una de las (5) __________________ más antiguas de Sudamérica. Es una ciudad moderna en la que también puedes admirar la arquitectura colonial. (6) __________________ más interesante son sus museos (fue Ciudad de la Cultura en Sudamérica en el 2009) y edificios como el Panteón Nacional de los Héroes, la Catedral Metropolitana o el Palacio de los López.

Paraguay es muy especial (7) __________________ su naturaleza. En la zona de El Chaco, por ejemplo, (8) __________________ está el Parque Nacional Defensores del Chaco, puedes encontrar la selva y el desierto. Durante el verano puede (9) __________________ mucho calor, con temperaturas hasta los 40 grados, e incluso algo más en la región de El Chaco. Los inviernos normalmente no son muy fríos. La mayoría de los paraguayos (10) __________________ mucha carne. Algunos platos típicos son el locro (sopa de maíz con carne) y el mbaipy (puré de maíz y trozos de carne). En Paraguay el mate y la chicha son las bebidas más populares. El castellano y el guaraní son las (11) __________________ oficiales del Paraguay. Muchos de sus habitantes (12) __________________ el guaraní en casa y usan el castellano como lengua comercial y en la educación.

16 En Bogotá

a **Lee el título y mira la foto de abajo y las fotos de la página 67. ¿De qué crees que va a tratar el texto?**

p. 140/1.1

b **En el texto hay palabras que no conoces todavía, pero con ayuda de las estrategias las puedes entender. Lee el texto y comprueba tu idea del ejercicio a).**

Vendedores ambulantes de raspado en las principales vías de Bogotá / Colombia

¿Cómo se llama y cuál es su cuidad de origen? Mi nombre es Alexander Bedolla y soy de Medellín, Antioquia.
¿Cuántos años tiene? Tengo 34 años de edad.
¿Dónde vive? Yo vivo en el norte de Bogotá, en un barrio llamado Prado Veraniego. Y mi familia, en el barrio Suba.
¿Cuál es su negocio? Bueno, mi negocio ... mejor dicho, nuestro negocio (mío y de mi familia), lleva más de 35 años, somos vendedores ambulantes de raspado, obleas, cholado y salpicón.
¿Cuál es su ubicación de trabajo? El puesto de trabajo entre semana, es decir, de lunes a viernes específicamente, es al frente de las salidas de los colegios del norte de Bogotá en el barrio Cedritos. Y los fines de semana, especialmente domingos y festivos, nos ubicamos en la Ciclovía en el norte de Bogotá, exactamente en la 147 con 19.

1 **el/la mestizo/-a** (entre blancos e indios) der/die Mestize (-in)

¿Cuál es su horario de trabajo? Entre semana trabajamos de 8:00 a.m. a 5:00 p.m., y los fines de semana de 6:00 a.m. a 2:00 p.m..
En el puesto de trabajo, ¿con quién trabaja normalmente? Siempre, todos los días, voy a trabajar con mi papá, Humberto Bedolla. Entre los dos atendemos a nuestros clientes: yo me encargo del raspado y cholado y él de las obleas y salpicones.
¿Qué día de la semana vende más y cuáles son los precios de sus productos? Nosotros vendemos mucho los fines de semana en la Ciclovía. Los precios son muy buenos, el raspado está entre los 1000 y los 2000 pesitos.
¿Cuántos raspados en promedio vende entre semana y cuántos los fines de semana? Los fines de semana vendemos entre 400 y 500 raspados, y entre semana el promedio de cada día es de 40 a 60 raspaditos.

Raspado Colombiano. 07.02.2010. http://raspadocolombianoymas.blogspot.com/2010/02/vendedores-ambulantes-de-raspado.html [01.06.2021]

el/la vendedor/a ambulante der/die Straßenverkäufer/in | **el raspado** das Wassereis | **la vía** *la calle* | **el/la emprendedor/a** der/die Unternehmer/in | **el negocio** das Geschäft | **mantener** *hier:* versorgen | **la oblea** die Oblate | **el cholado** *hier:* der Eisbecher | **el salpicón** *hier:* der Obstsalat | **la ubicación** *el lugar* | **ubicarse** *encontrarse* | **la Ciclovía** der Radweg | **atender** bedienen

p. 143/3

c En este resumen del texto hay varios errores. Búscalos y corrígelos.

Alexander Bedolla vende raspados en una tienda de Bogotá. Nació hace treinta y cuatro años en Medellín, pero ahora vive en el barrio Suba de Bogotá. Los fines de semana trabaja en el barrio Cedritos y de lunes a viernes, en la Ciclovía. Todos los días él y su papá empiezan a trabajar a las ocho de la mañana. Los fines de semana venden más de cuatrocientos raspados, que cuestan menos de mil pesos cada uno.

___

___

___

___

d Describe y comenta las fotos y lee la información. ¿Qué te llama la atención? ¿Existe en tu país algo parecido a lo que ves en las tres fotos? ¿Qué ventajas y desventajas crees que tiene la venta callejera para los vendedores y los clientes? Justifica tu opinión.

El país y la gente

En las calles de Colombia es muy normal encontrar a vendedores ambulantes que ofrecen todo tipo de comida, como carne, sopa o guisos. Muchas personas que trabajan lejos de sus casas y recorren largas distancias hasta su lugar de trabajo compran esta comida cada día porque ofrece una gran variedad a precios bajos. Sin embargo, esta costumbre preocupa al gobierno colombiano porque las condiciones higiénicas no siempre son las adecuadas y porque los restaurantes tienen menos trabajo.

1 Palabras

una palabra + artículo correcto = 0,5 puntos ☐ de 6

Forma doce sustantivos con un elemento de cada casilla y escríbelos con el artículo correspondiente.

atrac- bomb- cali- estudi- humor- inmigr- inseguri- lleg- peluqu- period- riqu- selec-

\+

-ada -ante -ción -dad -ero/-a -eza -ista

____

____

____

____

2 Leer

un número correcto = 1 punto + una explicación correcta = 1 punto ☐ de 6

Estos tres jóvenes buscan trabajo o prácticas. Lee las cuatro ofertas de trabajo y lo que dicen los chicos. Relaciona a cada uno de ellos con la oferta adecuada y justifica tu decisión. Hay una oferta que no interesa a ninguno de los jóvenes.

A

Busco un trabajo o unas prácticas por las tardes después del instituto o los fines de semana. Me interesa trabajar con un equipo joven.

Oferta: ☐

¿Por qué? ______________________________

____

B
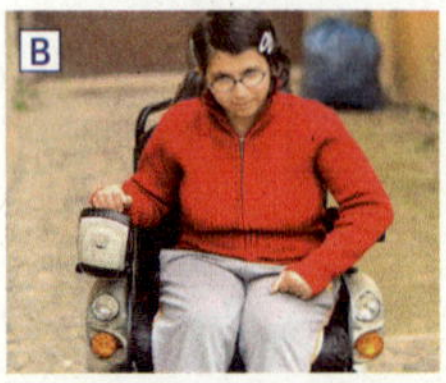

Empecé la universidad el año pasado. Estoy buscando unas prácticas. Soy bilingüe de español y francés y me interesa el mundo de la comunicación.

Oferta: ☐

¿Por qué? ______________________________

____

C

Busco un trabajo para los meses de verano. Me gustan mucho los niños y los animales. Hablo inglés y un poco de alemán.

Oferta: ☐

¿Por qué? ______________________________

____

Oferta 1: Necesitamos a un chico o a una chica para cuidar a nuestras hijas en julio y agosto. Son dos niñas de cinco y siete años. Ellas no tienen clase durante esos meses, pero nosotros trabajamos por la mañana, de 8:00 a 13:00. Buscamos a alguien con sentido del humor y algo de experiencia con niños. Si te interesa, escríbenos a jsierra@gomail.es y háblanos un poco de ti.

Oferta 2: Buscamos a un chico o a una chica para colaborar algunas horas a la semana en nuestro jardín infantil "La casita de chocolate". Somos un jardín infantil bilingüe, por eso necesitamos a alguien con muy buen nivel de inglés. Tiene que ser una persona paciente y creativa, con ganas de trabajar con niños y de cantar canciones y hacer actividades en inglés y español. El horario es de lunes a miércoles de 9:00 a 14:00 a partir del mes de marzo. ¡Ven a conocernos!

Oferta 3: ¿Te interesa conocer la radio desde dentro? En la emisora Radio Joven de Asturias buscamos a estudiantes universitarios para colaborar seis meses en nuestro estudio. Si te interesan los animales y quieres participar en nuestro programa "Animalitos y animaladas" escríbenos un e-mail con tu currículum y una carta de presentación a animalitosyanimaladas@radioasturias.es. ¡Te esperamos!

Oferta 4: En el Zoo de Santillana del Mar buscamos a tres jóvenes para preparar visitas guiadas por nuestro zoo. Los jóvenes van a acompañar a los grupos de niños, les van a contar cosas sobre nuestros animales y van a organizar actividades. El horario de trabajo es de 15:00 a 20:00, sábados y domingos, a partir del mes de abril. Si te gustan los niños y los animales y sabes trabajar en equipo, envíanos tu currículum y tu carta de presentación a personal@zoodesantillana.es.

3 Escuchar

una información/fecha correcta = 1 punto ☐ de 14

Escucha la predicción del tiempo[1] y apunta qué tiempo va a hacer en cada ciudad argentina. Apunta también la fecha.

El país y la gente

Las estaciones en Argentina no son como en Europa porque el país se encuentra en el hemisferio sur. En Argentina la primavera, por ejemplo, empieza el 21 de septiembre.

fecha: ______

Ushuaia: ______

Buenos Aires: ______

Salta: ______

Iguazú: ______

Mendoza: ______

4 Gramática

una verbo correcto = 1 punto ☐ de 5

Celia habla de su viaje a Argentina. Completa las frases con los verbos usando el pretérito pluscuamperfecto.

buscar | dormir | olvidar | preparar | salir

1 Cuando mis padres y yo llegamos a Buenos Aires, ya ______ mucho en el avión.
2 El mes pasado hablé de este viaje con mis primos porque ya ______ con mis padres todo.
3 Antes de viajar a Rosario, yo ya ______ información sobre la ciudad.
4 En el avión me puse muy nerviosa porque ______ mis libros en casa.
5 Cuando envié la primera foto a Raquel, mis padres y yo todavía no ______ del aeropuerto.

5 Hablar

una frase correcta = 1 punto ☐ de 6

Wie sagst du, dass ...

1 deine Freundin jeden Tag mit dir Spanisch lernt, damit du die Prüfung bestehst?
2 du Vokabeln lernst, damit deine Austauschpartnerin sich mit dir unterhalten kann?
3 Daniel nach Buenos Aires fährt, ohne dass seine Geschwister davon wissen?
4 es schwer ist, eine Arbeitsstelle zu finden, ohne dass dir jemand hilft?
5 das Beste in Argentinien die spektakuläre Landschaft ist?
6 das Langweiligste der Reise das Konzert von Tini war?

1 **la predicción del tiempo** der Wetterbericht

6 Gramática

una frase correcta = 1 punto ☐ de 6

Gabriela y Benjamín se dan consejos. Completa las frases condicionales con los verbos. Hay más de una solución posible.

alegrarse | descansar | invitar | quedar | comprar | tomar

1 Si llamas mañana a tu madre, ______________________________.

2 Si ______________________________ vais a poneros enfermos.

3 Si tengo tiempo esta tarde, ______________________________.

4 Si me ______________________________ me haces muy feliz.

5 Si mañana vienen ellos al cine, ______________________________ palomitas[1].

6 Si ______________________________ vas a sentirte mejor.

7 Escribir

Decide con un/a compañero/-a cuántos de los 8 puntos recibes. Valorad el uso del idioma (= 4 puntos) y el contenido (= 4 puntos). ☐ de 8

Inventa el futuro de tu mejor amigo/-a. ¿Qué va a hacer y cómo va a ser su vida? Escribe unas 60 palabras sobre sus planes (profesión, familia, lugar y forma de vivir). Puedes empezar así: *Después de terminar el instituto ...*

____

____

____

____

____

____

____

____

____

____

Auswertung ☐ von 55

0 ... 55

Gib nicht auf, die Lerntipps helfen dir. — Das geht bestimmt noch besser! — Sehr gut! Mach weiter so!

Lerntipps

palabras	Wiederhole den Lernwortschatz der *Unidades* 5 und 6. Auf S. 141 kannst du wichtige Informationen zu den Suffixen nachlesen. Weitere Tipps zum Vokabellernen findest du in den *Estrategias* auf S. 142.
leer	Lies dir zunächst die Informationen in den Sprechblasen durch und achte beim Lesen gezielt darauf. Tipps zum Lesen findest du in den *Estrategias* auf S. 143-144.
escuchar	Achte beim Hören auf die Städtenamen. Wenn nötig, wiederhole den Wortschatz zum Wetter (Band 1). Tipps zum Hörverstehen findest du in den *Estrategias* auf S. 144-145.
gramática	Sieh dir noch einmal genau an, wie das *pretérito pluscuamperfecto* gebildet wird und wiederhole wenn nötig die Bildung der Partizipien.
hablar	Wenn du *para que* bzw. *sin que* benutzt, denke daran, dass du den *subjuntivo* verwenden musst.
escribir	Am besten schreibst du den Text im Futur (*ir a* + Infinitiv oder *futuro simple*). Lies deinen Text anschließend mithilfe der Checkliste von S. 150 Korrektur.

1 **las palomitas** das Popcorn

13 Cuando Cibrán era pequeño

Cibrán y su abuelo están mirando fotos de cuando Cibrán era pequeño. Repartid los papeles y haced el diálogo. Completadlo con las formas correctas del pretérito imperfecto o del pretérito indefinido. Empieza el abuelo.

Abuelo

A Mira Cibrán, ¿te acuerdas de esta foto? La ~ (hacer) tu padre cuando ~ (ir/nosotros) a la Costa de la Muerte. Tú ~ (tener) solo diez años.

C ¡Ah, sí! Ese día lo **pasamos** muy bien. Me acuerdo muy bien. Toda la familia **se levantó** muy temprano aquel día.

A Sí. ~ (salir) de Santiago a las siete de la mañana y recuerdo que ~ (hacer) un poco de frío esa mañana.

C Es verdad. Y **desayunamos** todos en un bar en un pueblo pequeño. Allí **había** un perro muy grande. **Era** negro y creo que **se llamaba** Miko.

A Después ~ (dar/nosotros) un paseo por el pueblo porque ~ (ser) muy bonito.

C Y **entré** en una iglesia mientras vosotros **hablabais** con una señora del pueblo.

A Sí, qué susto. Cuando ~ (dejar/nosotros) de hablar con ella, tu madre te ~ (llamar) pero tú no ~ (contestar).

C Yo **estaba** en la iglesia y no la **escuché**.

A Tu madre ~ (estar) muy nerviosa. Por suerte tu primo Álex te ~ (encontrar). Y después todos ~ (volver) a los coches y ~ (continuar) el viaje.

C Es verdad. Me acuerdo que el paisaje me **encantó**. El día **fue** genial, abuelo. ¿Cuándo vamos a volver?

Cibrán

A Mira Cibrán, ¿te acuerdas de esta foto? La **hizo** tu padre cuando **fuimos** a la Costa de la Muerte. Tú **tenías** solo diez años.

C ¡Ah, sí! Ese día lo ~ (pasar/nosotros) muy bien. Me acuerdo muy bien. Toda la familia ~ (levantarse) muy temprano aquel día.

A Sí. **Salimos** de Santiago a las siete de la mañana y recuerdo que **hacía** un poco de frío esa mañana.

C Es verdad. Y ~ (desayunar) todos en un bar en un pueblo pequeño. Allí ~ (haber) un perro muy grande. ~ (ser) negro y creo que ~ (llamarse) Miko.

A Después **dimos** un paseo por el pueblo porque **era** muy bonito.

C Y ~ (entrar/yo) en una iglesia mientras vosotros ~ (hablar) con una señora del pueblo.

A Sí, qué susto. Cuando **dejamos** de hablar con ella, tu madre te **llamó** pero tú no **contestaste**.

C Yo ~ (estar) en la iglesia y no la ~ (escuchar).

A Tu madre **estaba** muy nerviosa. Por suerte tu primo Álex te **encontró**. Y después todos **volvimos** a los coches y **continuamos** el viaje.

C Es verdad. Me acuerdo que el paisaje me ~ (encantar). El día ~ (ser) genial, abuelo. ¿Cuándo vamos a volver?

15 La entrevista de Sergio

Sergio, el hermano de Pablo, acaba de llegar de la entrevista en la Oficina de Empleo y habla con su madre. Repartid los papeles y haced el diálogo. Completadlo con la forma correcta del pretérito indefinido o del pretérito perfecto. Empieza la madre.

Madre

M ¡Hola, Sergio! Ya ~ (hacer/tú) la entrevista, ¿no?

S Sí, esta mañana. **Ha sido** bastante interesante. **He hablado** con una mujer bastante simpática.

M ¿Sí? ¿Y qué te ~ (decir/ella)? ¿Te ~ (ayudar)?

S Bueno, me **ha hecho** muchas preguntas. Pero de momento no **ha encontrado** nada para mí.

M Claro que no, ¡la entrevista ~ (ser) esta mañana! ¿Y ya te ~ (contestar) alguna empresa?

S Sí, una. Me **mandaron** un e-mail el jueves. Malas noticias. Ya le **han dado** el trabajo a otra persona.

M Vaya ... Bueno, tú tranquilo, seguro que encuentras algo. ¿Y qué ~ (hacer/tú) esta mañana después de la entrevista?

S Pues **he ido** con mi amiga Paula a tomar un café. **Hemos estado** en un café del centro.

M ¿Con Paula? Pero ... ~ (irse) hace seis meses a vivir a Inglaterra, ¿no? ¿~ (volver) a España?

S Solo va a estar aquí unos días. El domingo **se casó** su hermano.

M Ah, ¿entonces ya ~ (encontrar) trabajo allí? ¡Qué bien!

S Sí, **ha tenido** mucha suerte. No siempre es tan fácil. Su primo también vive allí y todavía no **ha encontrado** trabajo. Perdona, está sonando mi móvil. ¡A lo mejor me llaman de una de las empresas a las que **escribí** la semana pasada!

Sergio

M ¡Hola, Sergio! Ya **has hecho** la entrevista, ¿no?

S Sí, esta mañana. ~ (ser) bastante interesante. ~ (hablar/yo) con una mujer bastante simpática.

M ¿Sí? ¿Y qué te **ha dicho**? ¿Te **ha ayudado**?

S Bueno, me ~ (hacer) muchas preguntas. Pero de momento no ~ (encontrar) nada para mí.

M Claro que no, ¡la entrevista **ha sido** esta mañana! ¿Y ya te **ha contestado** alguna empresa?

S Sí, una. Me ~ (mandar/ellos) un e-mail el jueves. Malas noticias. Ya le ~ (dar/ellos) el trabajo a otra persona.

M Vaya ... Bueno, tú tranquilo, seguro que encuentras algo. ¿Y qué **has hecho** esta mañana después de la entrevista?

S Pues ~ (ir) con mi amiga Paula a tomar un café. ~ (estar/nosotros) en un café del centro.

M ¿Con Paula? Pero ... **se fue** hace seis meses a vivir a Inglaterra, ¿no? ¿**Ha vuelto** a España?

S Solo va a estar aquí unos días. El domingo ~ (casarse) su hermano.

M Ah, ¿entonces ya **ha encontrado** trabajo allí? ¡Qué bien!

S Sí, ~ (tener) mucha suerte. No siempre es tan fácil. Su primo también vive allí y todavía no ~ (encontrar) trabajo. Perdona, está sonando mi móvil. ¡A lo mejor me llaman de una de las empresas a las que ~ (escribir/yo) la semana pasada!

17 Fátima viene de visita

Celia y Raquel están hablando en el recreo del instituto. Repartid los papeles y haced el diálogo. Completadlo con la forma correcta del presente de subjuntivo. Empieza Raquel.

Raquel

R Celia, ¿sabes qué? El mes que viene va a visitarnos mi prima Fátima de Marruecos. Es genial que ~ (venir), ¿verdad?

C ¿En serio? ¡Qué bien! Es su primera vez en España, ¿no? Espero que le **guste**.

R Yo también. Voy a pedirles a mis padres que me ~ (dejar/ellos) preparar una fiesta sorpresa. Quiero que Fátima ~ (conocer) a todos mis amigos.

C ¡Qué buena idea! Seguro que tu prima se alegra de que **organices** una fiesta para ella.

R Espero que mis padres también ~ (pensar) que es buena idea.

C Sí, ojalá que **estén** de acuerdo. Oye, si quieres que te **ayude** a preparar la fiesta, dímelo.

R ¡Muchas gracias! Quiero que ~ (ser) una fiesta muy especial. Ojalá ~ (poder/vosotros) venir todos.

C ¡Espero que sí! Es importante que **pongamos** buena música. Te recomiendo que **mires** la lista de Gilberto. También es necesario que **haya** mucha comida rica en la fiesta.

R Claro, quiero que Fátima ~ (probar) especialidades españolas. Además puedo pedirle a Luis que ~ (traer) su guitarra.

C ¡Qué guay! Seguro que le pide a Fátima que **cante** una canción con él.

R Es verdad. Mi prima es un poco tímida, pero seguro que le gusta que ~ (preparar/nosotros) tantas cosas divertidas. Gracias, Celia.

C De nada. ¡Ojalá que a Fátima le **encante** su fiesta!

Celia

R Celia, ¿sabes qué? El mes que viene va a visitarnos mi prima Fátima de Marruecos. Es genial que **venga**, ¿verdad?

C ¿En serio? ¡Qué bien! Es su primera vez en España, ¿no? Espero que le ~ (gustar).

R Yo también. Voy a pedirles a mis padres que me **dejen** preparar una fiesta sorpresa. Quiero que Fátima **conozca** a todos mis amigos.

C ¡Qué buena idea! Seguro que tu prima se alegra de que ~ (organizar) una fiesta para ella.

R Espero que mis padres también **piensen** que es buena idea.

C Sí, ojalá que ~ (estar) de acuerdo. Oye, si quieres que te ~ (ayudar) a preparar la fiesta, dímelo.

R ¡Muchas gracias! Quiero que **sea** una fiesta muy especial. Ojalá **podáis** venir todos.

C ¡Espero que sí! Es importante que ~ (poner/nosotros) buena música. Te recomiendo que ~ (mirar) la lista de Gilberto. También es necesario que ~ (haber) mucha comida rica en la fiesta.

R Claro, quiero que Fátima **pruebe** especialidades españolas. Además puedo pedirle a Luis que **traiga** su guitarra.

C ¡Qué guay! Seguro que le pide a Fátima que ~ (cantar) una canción con él.

R Jeje, es verdad. Mi prima es un poco tímida, pero seguro que le gusta que **preparemos** tantas cosas divertidas. Gracias, Celia.

C De nada. ¡Ojalá que a Fátima le ~ (encantar) su fiesta!

11 Por fin vacaciones

Ya han empezado las vacaciones pero Celia y Raquel aún no se han ido de viaje. Han quedado en el centro para charlar un rato. Repartid los papeles y haced el diálogo. Completad con las formas correctas de *ser* o *estar*. Empieza Celia.

Celia

C Hola, Raquel. ¿Cómo ~?

R Hola, Celia, pues **estoy** muy contenta. ¡Por fin tenemos vacaciones!

C Sí, yo también. Y, además, mañana ~ el cumple de mi padre y vamos a organizarle una fiesta.

R ¿**Estáis/Estás** preparando una fiesta sorpresa para tu padre? ¡Qué buena idea! Oye, ¿sabes dónde **está** Iker?

C Ya ~ de viaje otra vez.

R Por eso nunca **está** conectado. ¿Adónde se ha ido?

C ~ en Tarifa, haciendo un curso de surf.

R ¡Qué guay! Hacer surf **es** superdivertido.

C Me ha dicho que los otros chavales del curso ~ muy simpáticos y que la playa ~ llena de turistas.

R Claro, Tarifa **es** famosa por sus playas.

C Oye, ¿y tú por qué ~ todavía en Madrid? Normalmente te vas enseguida.

R Mi madre **está** enferma y por eso no nos hemos ido todavía. Y tú, ¿adónde te vas al final?

C Voy a visitar a Laia. En verano ella ~ en el pueblo de su abuelo. ~ un pueblo muy bonito que ~ en los Pirineos.

R ¡Qué bien! Ay, ya **es** la una. Vamos, que tengo que comprar unas cosas para mi madre, ¿vale?

Raquel

C Hola, Raquel. ¿Cómo **estás**?

R Hola, Celia, pues ~ muy contenta. ¡Por fin tenemos vacaciones!

C Sí, yo también. Y, además, mañana **es** el cumple de mi padre y vamos a organizarle una fiesta.

R ¿~ preparando una fiesta sorpresa para tu padre? ¡Qué buena idea! Oye, ¿sabes dónde ~ Iker?

C Ya **está** de viaje otra vez.

R Por eso nunca ~ conectado. ¿Adónde se ha ido?

C **Está** en Tarifa, haciendo un curso de surf.

R ¡Qué guay! Hacer surf ~ superdivertido.

C Me ha dicho que los otros chavales del curso **son** muy simpáticos y que la playa **está** llena de turistas.

R Claro, Tarifa ~ famosa por sus playas.

C Oye, ¿y tú por qué **estás** todavía en Madrid? Normalmente te vas enseguida.

R Mi madre ~ enferma y por eso no nos hemos ido todavía. Y tú, ¿adónde te vas al final?

C Voy a visitar a Laia. En verano ella **está** en el pueblo de su abuelo. **Es** un pueblo muy bonito que **está** en los Pirineos.

R ¡Qué bien! Ay, ya ~ la una. Vamos, que tengo que comprar unas cosas para mi madre, ¿vale?

2 Argentina

En los dos mapas faltan nombres de ciudades, ríos, etc. Preguntad a vuestro/-a compañero/-a por los nombres que faltan y escribidlos en las casillas. Uno/-a elige el mapa A, el otro/la otra el mapa B.

A

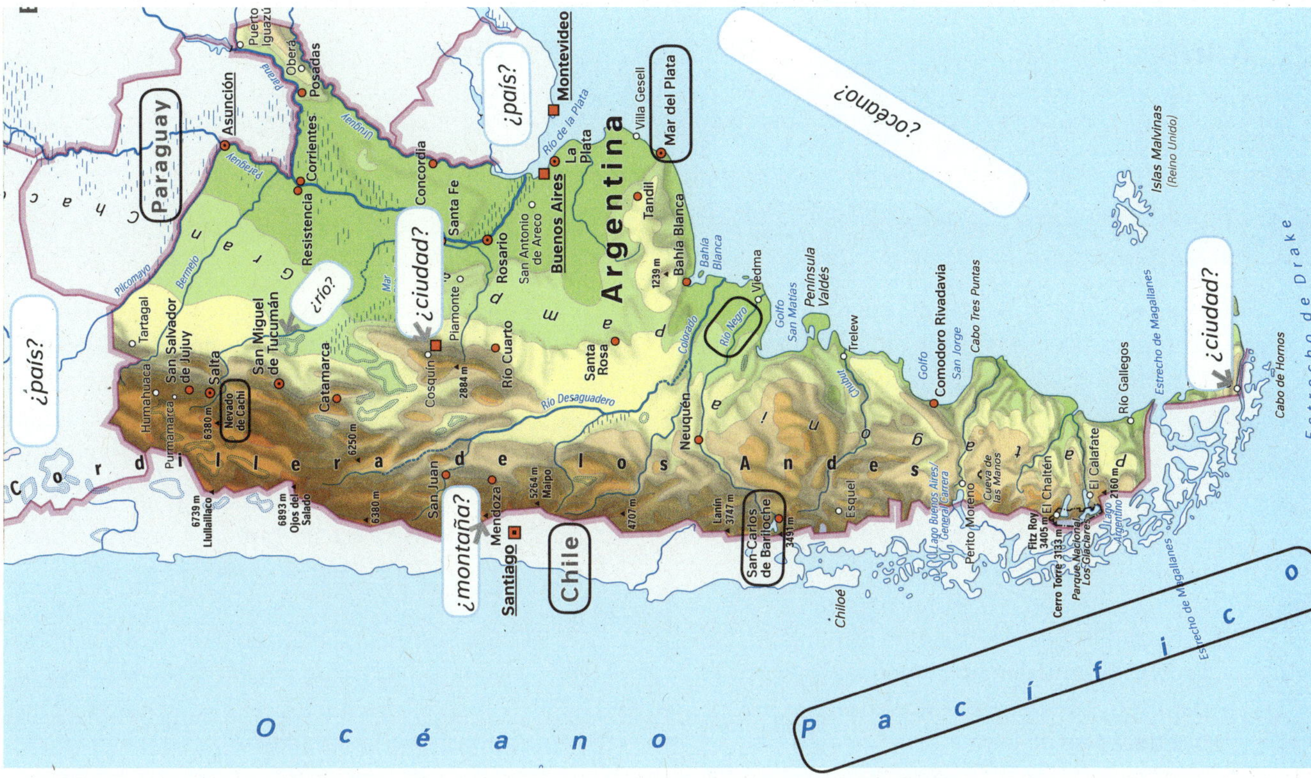

B

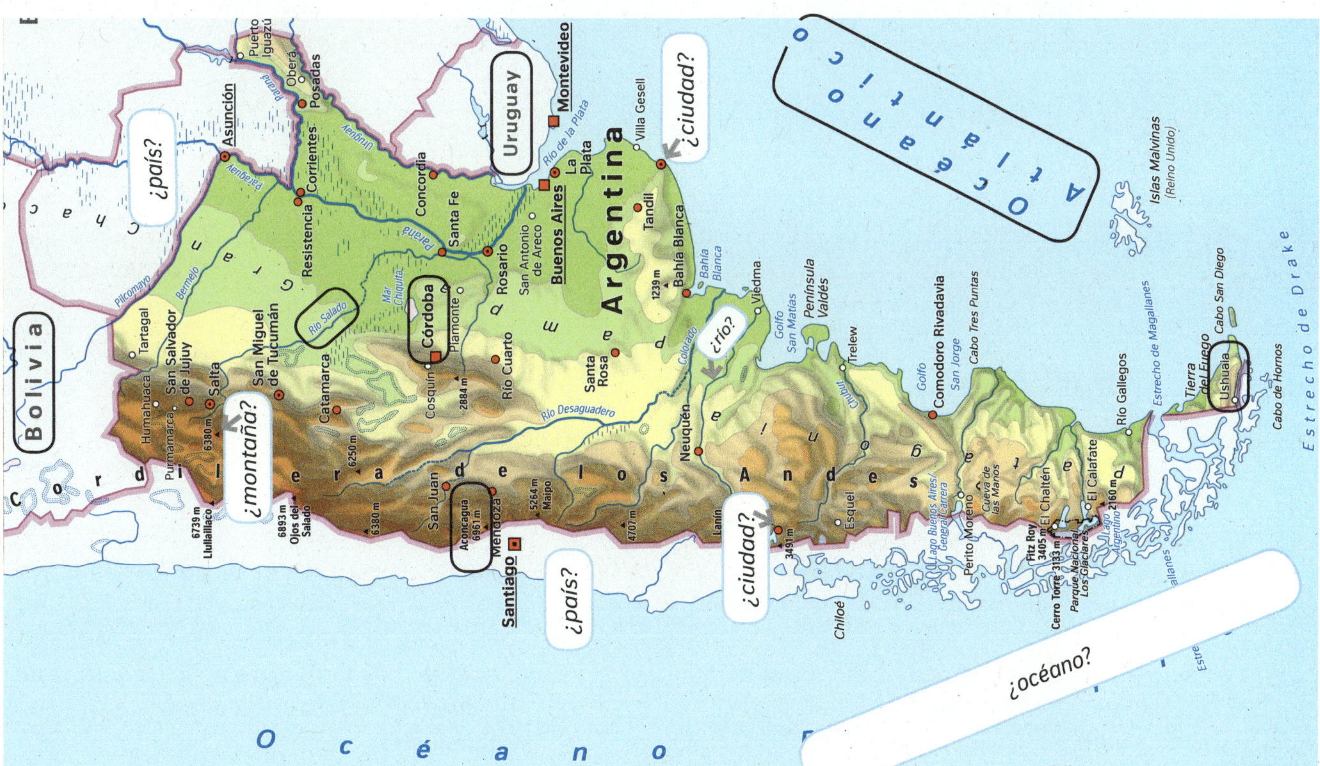

13 Una oportunidad increíble

Paulina y su amigo Adrián de Tijuana están chateando. Adrián tiene una noticia muy importante que contarle a Paulina. Repartid los papeles y haced el diálogo. Completad con la forma correcta de los verbos en futuro simple. Empieza Adrián.

Adrián

A Hola, Paulina. ¿Qué tal va todo por Guanajuato? Oye, ¿me puedes dar un consejo?

P Hola, Adrián. Claro, ¡cuéntame!

A Pues ~ (ver/tú), el otro día encontré una oferta de prácticas para trabajar como monitor en un campamento de verano[1] en Guanajuato.

P No me lo puedo creer, ¿en serio?

A Sí, este martes ~ (escribir/yo) un e-mail con una carta de presentación y mi currículum.

P Creo que es una oportunidad increíble, yo puedo ayudarte. **Tendremos** un montón de tiempo para estar juntos y yo te **enseñaré** la ciudad. ¿**Te quedarás** en mi casa, no?

A Eso te iba a preguntar. ¿Crees que tus padres ~ (querer) que me quede tanto tiempo?

P Claro que sí. ¡Todos juntos lo **pasaremos** muy bien!

A Perfecto. Voy a escribir la carta de presentación ahora mismo, seguro que la ~ (terminar/yo) hoy. Cuando me respondan te ~ (contar/yo).

P Te llamaré el martes.

A Mejor no me llames el martes, porque ~ (estar/yo) muy nervioso.

P Entonces te **llamaré** por la noche, ¿vale?

A ¿No ~ (ser) muy tarde para ti? Te recuerdo que en Tijuana hay dos horas de diferencia con Guanajuato.

P Ya lo **verás** que no. Antes de la entrevista te **desearé** mucha suerte.

Paulina

A Hola, Paulina. ¿Qué tal va todo por Guanajuato? Oye, ¿me puedes dar un consejo?

P Hola, Adrián. Claro, ¡cuéntame!

A Pues **verás**, el otro día encontré una oferta de prácticas para trabajar como monitor en un campamento de verano[1] en Guanajuato.

P No me lo puedo creer, ¿en serio?

A Sí, este martes **escribiré** un e-mail con una carta de presentación y mi currículum.

P Creo que es una oportunidad increíble, yo puedo ayudarte. ~ (tener/nosotros) un montón de tiempo para estar juntos y yo te ~ (enseñar) la ciudad. ¿~ (quedarse/tú) en mi casa, no?

A Eso te iba a preguntar. ¿Crees que tus padres **querrán** que me quede tanto tiempo?

P Claro que sí. ¡Todos juntos lo ~ (pasar/nosotros) muy bien!

A Perfecto. Voy a escribir la carta de presentación ahora mismo, seguro que la **terminaré** hoy. Cuando me respondan te **contaré**.

P Te ~ (llamar/yo) el martes.

A Mejor no me llames el martes, porque **estaré** muy nervioso.

P Entonces te ~ (llamar/yo) por la noche, ¿vale?

A ¿No **será** muy tarde para ti? Te recuerdo que en Tijuana hay dos horas de diferencia con Guanajuato.

P Ya lo ~ (ver/tú) que no. Antes de la entrevista te ~ (desear/yo) mucha suerte.

1 **el campamento de verano** das Ferienlager

Juegos de rol

Legt fest, wer den A- und wer den B-Teil bekommt. Jede/r liest seine/ihre Rolle durch und bereitet sich vor. Ihr könnt auch Dinge ergänzen oder erfinden, wenn es sinnvoll ist.

U1, 18 Por el camino A

Du wanderst allein nach Santiago de Compostela. Heute hast du bereits 25 km zurückgelegt und kommst erschöpft in der nächsten Herberge an. Du willst nur noch duschen, etwas essen und schlafen. Am Eingang der Herberge wird dir allerdings gesagt, dass es keinen Platz mehr gibt.

Mache dir zunächst Notizen und überlege dir, wie du die Personen in der Herberge dazu bringen kannst, dir zu helfen.
Verwende mindestens drei der folgenden Ausdrücke im Gespräch an passender Stelle:

No puede ser. | ¡Qué mal día! | ¡Qué buena idea! | ¡Muchas gracias! | Estoy muy cansado/-a.

U3, 8 Quiero un nuevo móvil A

Du wünschst dir zum Geburtstag ein neues Handy und sprichst mit deinem Vater/deiner Mutter, der/die nicht viel von dem Wunsch hält. Schreibe dir zunächst Argumente auf, warum du ein neues Handy brauchst.
- Con el nuevo móvil puedo ...
- Necesito un nuevo móvil para ...
- Es muy importante porque ...

Verwende mindestens drei der folgenden Ausdrücke im Gespräch an passender Stelle:

No estoy de acuerdo contigo. | Tienes razón. | ¡Vaya! | Vale. | Eso no es verdad. | ¿En serio?

Du beginnst.

U4, 8 No estamos de acuerdo A/B

Lest eure Rollen durch und macht Notizen. Verwendet bei der Diskussion die Redemittel von S. 65 und S. 152 im Schülerbuch. A beginnt.

A (Vater)
Du möchtest an den Strand fahren und dich im Urlaub erholen. Am liebsten in einem Hotel oder einem Apartment. Du möchtest auf gar keinen Fall in den Bergen Urlaub machen. Hauptsache ist aber, dass alle zusammen verreisen.

Lest eure Rollen durch und macht Notizen. Verwendet bei der Diskussion die Redemittel von S. 65 und S. 152 im Schülerbuch. A beginnt.

B (Mutter)
Du möchtest viel Sport machen und am liebsten zelten. Den ganzen Tag am Strand zu liegen findest du langweilig. Du bist gerne in den Bergen und liebst die Natur.

U6, 11 Trabajar de *au pair* A

Du möchtest im nächsten Jahr im Sommer als Au-Pair bei einer spanischen Familie arbeiten und rufst bei der Agentur an, die dir eine Familie vermitteln soll. Schaue dir zunächst im Schülerbuch die Redemittel auf S. 151-152 an und notiere dir einige wichtige Ausdrücke, die du in dem Gespräch verwenden kannst. Du beginnst.

1. Du stellst dich kurz vor und sagst, warum du anrufst.
2. Du beantwortest die Fragen von B und stellst anschließend ebenfalls einige Fragen: Du möchtest wissen, ob du als Au-Pair auch am Wochenende arbeiten musst, wie viel Geld du bekommst und ob du zusammen mit den Kindern in einem Zimmer schläfst.
3. Du fragst, ob du auch einen Spanischkurs besuchen kannst.

Legt fest, wer den A- und wer den B-Teil bekommt. Jede/r liest seine/ihre Rolle durch und bereitet sich vor. Ihr könnt auch Dinge ergänzen oder erfinden, wenn es sinnvoll ist.

U3, 8 Quiero un nuevo móvil B

Dein Sohn/deine Tochter wünscht sich zum Geburtstag ein neues Handy. Du bist nicht begeistert und versuchst, ihn/sie davon abzubringen. Schreibe dir zunächst Argumente auf, warum du ein neues Handy für unnötig hältst und mache Vorschläge für ein anderes Geschenk.

- No me parece una buena idea porque ...
- Con tu móvil ya puedes ...
- ¿No prefieres ...?

Verwende mindestens drei der folgenden Ausdrücke im Gespräch an passender Stelle:

Eso no me parece lógico.

Sí, es verdad. ¡Madre mía!

Creo que no es así. Vale.

A beginnt.

U1, 18 Por el camino B

Du arbeitest in einer Herberge auf dem Weg nach Santiago de Compostela. Es gibt nur 30 Schlafplätze und alle sind belegt. Ein/e erschöpfte/r Wanderer/in kommt und bittet um Unterkunft. Die nächste Herberge ist 15 km entfernt.

Mache dir zunächst Notizen und überlege dir, wie du dich verhältst. Kannst bzw. willst du dem/der Wanderer/in helfen, einen Schlafplatz zu bekommen?
Verwende mindestens drei der folgenden Ausdrücke im Gespräch an passender Stelle:

Lo siento mucho. Yo no hago las reglas.

¿Qué te parece ...? Mala suerte.

Vamos a encontrar algo para ti.

U6, 11 Trabajar de *au pair* B

Du arbeitest bei einer Agentur, die Au-Pairs an Familien in Spanien vermittelt. Du telefonierst mit A, der/die im Sommer als Au-Pair arbeiten möchte. Schaue dir zunächst im Schülerbuch die Redemittel auf S. 151-152 an und notiere dir einige wichtige Ausdrücke, die du in dem Gespräch verwenden kannst. A beginnt.

1 Du fragst A, wie lange er/sie gerne als Au-Pair arbeiten möchte.
2 Du möchtest wissen, wie alt A ist, ob er/sie schon mal mit Kindern gearbeitet hat und wie lange er/sie schon Spanisch lernt. Du fragst A, ob er/sie lieber in einer großen Stadt oder in einem kleinen Dorf arbeiten möchte.
3 Du beantwortest die Fragen von A: Die Arbeitszeiten sind unterschiedlich, normalerweise von Montag bis Freitag von ca. 8 bis 16 Uhr. Ab und zu muss auch abends oder am Wochenende auf die Kinder aufgepasst werden. Die Familien zahlen etwa 150-200 Euro im Monat, das Au-Pair bekommt ein eigenes Zimmer. Es ist genug Zeit, um einen Spanischkurs zu besuchen.

U4, 8 No estamos de acuerdo C/D

Lest eure Rollen durch und macht Notizen. Verwendet bei der Diskussion die Redemittel von S. 65 und S. 152 im Schülerbuch. A beginnt.

C (Tochter)
Du möchtest mit deinem Freund/deiner Freundin verreisen. Ihr wollt mit dem Zug durch Italien fahren und in Jugendherbergen übernachten. Du hast noch nie ohne deine Eltern Urlaub gemacht und musst deinen Eltern von deiner Idee überzeugen.

Lest eure Rollen durch und macht Notizen. Verwendet bei der Diskussion die Redemittel von S. 65 und S. 152 im Schülerbuch. A beginnt.

D (Sohn)
Du möchtest nicht nur mit deinen Eltern und deiner Schwester verreisen, sondern am liebsten auch etwas mit deinen Cousins unternehmen. Sonst ist es dir zu langweilig. Im Urlaub spielst du am liebsten Fußball, du liest viel und würdest gerne surfen lernen.

In die Verbtabellen kannst du die wichtigsten Konjugationen eintragen, die du in diesem Schuljahr lernst. In den Lektionen wird jedes Mal darauf hingewiesen, wenn du hierher blättern und eine Tabelle ausfüllen sollst. Trage die passenden Verbformen ein und ergänze neben den Infinitiven ihre deutsche Bedeutung.

1 Das Imperfekt **El pretérito imperfecto**

1.1 Die regelmäßigen Verben **Los verbos regulares**

	tocar ( )	leer ( )	escribir ( )
☺			
☺☺			

1.2 Die unregelmäßigen Verben **Los verbos irregulares**

	ir ( )	ser ( )	ver ( )
☺			
☺☺			

2 Das Perfekt **El pretérito perfecto**

	haber ( )
☺	
☺☺	

+ participio		
formas regulares	**formas irregulares**	
trabajar →	abrir →	leer →
beber →	escribir →	creer →
vivir →	volver →	traer →
	decir →	poner →
	hacer →	ver →

3 Der verneinte Imperativ **El imperativo negativo**

formas regulares	ordenar ( )	coger ( )	escribir ( )
(tú)			
(vosotros/-as)			

formas irregulares	dar ( )	estar ( )	ir ( )	ser ( )
(tú)				
(vosotros/-as)				

verbos reflexivos	levantarse ( )	acostarse ( )	divertirse ( )
(tú)			
(vosotros/-as)			

4 Der *subjuntivo* Präsens **El presente de subjuntivo**

4.1 Die regelmäßigen Verben **Los verbos regulares**

	hablar ( )	aprender ( )	descubrir ( )
☺			
☺☺			

Verben mit veränderter Schreibweise

	empezar ( )	buscar ( )	coger ( )	pagar ( )
☺				
☺☺				

Verben mit unregelmäßiger 1. Person Singular Präsens Indikativ

	conocer ( )	hacer ( )	caer ( )	traducir ( )
☺				
☺☺				

Verben auf *-uir* (i → y)

	construir ( )
☺	
☺☺	

Verben mit Vokalwechsel, die auf *-ir* enden (e → i)

pedir ( )

Diphthongverben auf *-ar* und *-er*

	e → ie	o → ue	u → ue
	recomendar (**)**	**volver (** **)**	**jugar (** **)**
☺			
☺☺			

4.2 Die unregelmäßigen Verben **Los verbos irregulares**

	dar ( )	estar ( )	ir ( )
☺			
☺☺			

	saber ( )	ser ( )	haber ( )
☺			
☺☺			

Diphthongverben auf *-ir*

	e → ie	o/u → ue
	sentir (**)**	**dormir (** **)**
☺		
☺☺		

Portfolio

Me llamo: ______________________________

Fecha de nacimiento: ____________________

Instituto: _____________________________

Curso: ________________________________

Estoy aprendiendo los siguientes idiomas:

____

En casa hablo: __________________________

Con mis amigos hablo: ___________________

____

También quiero aprender los siguientes idiomas: ___________________________

____

Puente al Español 1

Mi tema preferido: _______________________

El texto que más me gustó: _______________

El personaje que más me gustó: ___________

____

Lo que mejor sé hacer:

- entender textos de audio
- entender textos escritos
- escribir textos
- participar en clase

Liebe Schülerin, lieber Schüler!

Die Portfolio-Fragebögen kennst du bereits aus dem letzten Schuljahr. In deinem persönlichen Portfolio-Ordner kannst du nicht nur gelungene Texte sammeln, sondern mithilfe der Fragebögen auch deine momentanen Spanischkenntnisse festhalten.

Einen Portfolio-Fragebogen füllst du immer dann aus, wenn ihr zwei Lektionen im Schülerbuch und im Arbeitsheft abgeschlossen habt und du die *Autocontrol*-Auswertung gemacht hast. Nimm dir kurz Zeit, um für dich einzuschätzen, was du bereits gut beherrschst und was du noch üben solltest.

Zusätzlich findest du zu jedem Punkt einen Verweis auf die passenden Übungen im Schülerbuch (SB) und dem Arbeitsheft (*Cuaderno de actividades*, kurz CdA) und kannst so gezielt einzelne Übungen wiederholen. Hinter jedem Satz kannst du angeben, wie gut du etwas kannst:

✓ Das kann ich gut.

~ Das fällt mir noch schwer.

✗ Das kann ich noch nicht.

Y ahora ... ¡diviértete!

Lesen

Ich verstehe ...

kurze Infotexte über Galicien.	SB U1: 1 CdA U1: 2b	☐
ein Interview.	SB U1: 3 CdA U1: 3 SB U2: 11 CdA U2: 11	☐
eine E-Mail zwischen Freunden.	SB U1: 11 CdA U1: 10	☐
ein Gedicht.	SB U1: RdI	☐
ein Rezept.	SB U1: AE	☐
kurze Aussagen von Jugendlichen.	SB U2: 1 CdA U2: 2	☐
eine Einwanderungsgeschichte.	SB U2: 18, RdI	☐

Schreiben

Ich kann ...

eine Postkarte schreiben.	SB U1: 3b	☐
eine Geschichte mithilfe von Bildern weiterschreiben.	SB U1: 14b	☐
einen Tagebucheintrag verfassen.	SB U1: 19	☐
einen Text über die Kindheit schreiben.	CdA U1: 5c	☐
ein Interview erfinden.	SB U2: 5c	☐
ein Programm und eine E-Mail zum Thema *Día de la Diversidad Cultural* schreiben.	SB U2: 12	☐
eine E-Mail verfassen.	SB U2: 15 CdA U2: 19	☐

Arbeitstechniken

Ich kann ...

Bilder beschreiben.	SB U1: 20a CdA U1: 2a	☐
Redewendungen im Wörterbuch suchen.	SB U1: 11b	☐
meinen eigenen Text überarbeiten.	SB U1: 19b CdA U2: 17b	☐
Aussagen sinngemäß in die Zielsprache übertragen.	SB U1: 17 CdA U1: 8 SB U2: 9, 15 CdA U2: 19	☐
ein Video verstehen.	SB U2: 7, AE	☐

Hören

Ich verstehe ...

einen Bericht über eine Reise/einen Schüleraustausch.	SB U1: 18 CdA U1: 14 CdA U2: 8b-c	☐
kurze Interviews zu verschiedenen Themen.	SB U1: 20c SB U2: 5, 9, 19 CdA U2: 13	☐
fehlende Wörter in einem Lied.	CdA U1: 22d	

Sprechen

Ich kann ...

Fragen zu Galicien stellen und beantworten.	SB U1: 2b	☐
jemanden zu seiner Kindheit interviewen.	SB U1: 7, 8 CdA U1: 6	☐
über Zweisprachigkeit sprechen.	SB U1: 10	☐
in einer Situation angemessen reagieren.	SB U1: 15	☐
eine berühmte Person vorstellen.	SB U1: 21	☐
über Vorurteile sprechen.	SB U1: 1 SB U2: 23 CdA U2: 20	☐
über kulturelle Diversität sprechen.	SB U2: 10, AF CdA U2: 18	☐
mich über Demonstrationen unterhalten.	SB U2: 16, 17	☐
Austauschprogramme vergleichen und bewerten.	CdA U2: 8a	☐

Interkulturelles Lernen

Ich kenne/weiß/kann (,) ...

einige Sehenswürdigkeiten Galiciens.	SB U1: 2, AE CdA U1: 14	☐
die zweisprachigen Regionen Spaniens.	SB U1: 3	☐
wer Rosalía de Castro war.	SB U1: AE CdA U1: 11	☐
Stereotype hinterfragen und reflektieren.	SB U1: 1 SB U2: 23 CdA U2: 20	☐
welchen Einfluss die arabische auf die spanische Kultur hatte und warum.	SB U2: 11	☐
was *pateras* sind.	SB U2: AE	☐

Lesen

Ich verstehe …		
einen Flyer zum Thema Internetnutzung.	SB U3: 3 CdA U3: 2	☐
Forumsbeiträge zum Thema Liebe bzw. Ökotourismus.	SB U3: 15 CdA U3: 14 SB U4: 15 CdA U4: 20	☐
einen Ausschnitt aus einem Jugendroman.	SB U3: RdL	☐
Infotexte über Tourismusarten.	SB U4: 9 CdA U4: 13, 24	☐
ein Zeitungsinterview.	SB U4: Rdl	☐

Hören

Ich verstehe …		
ein Gespräch über Medien.	SB U3: 6 CdA U3: 1	☐
ein Gespräch über eine Verabredung/eine Beziehung.	SB U3: 21 CdA U3: 19b	☐
Radiospots zum Valentinstag.	CdA U3: 21	☐
ein Gespräch über Urlaubspläne.	SB U4: 2, 4	☐
ein Radioprogramm zum Thema Reisen.	CdA U4: 3	☐
ein Gespräch über Tourismusarten.	CdA U4: 13b	☐
ein Interview über einen Schüleraustausch.	CdA U4: 17	☐

Arbeitstechniken

Ich kann …		
Wörter umschreiben.	SB U3: 19 SB U4: 10a	☐
ein Vokabelnetz erstellen und damit arbeiten.	SB U3: 8b SB U4: 11 CdA U4: 1, 27	☐
Methaphern erklären.	SB U3: 25	☐
ein Gedicht sinngestaltend vortragen.	CdA U3: 22c	☐
Aussagen sinngemäß in die Zielsprache übertragen.	SB U3: 23b CdA U3: 15 SB U4: 19 CdA U4: 15	☐
ein Video verstehen bzw. selbst aufnehmen.	SB U3: 24 SB U4: 16, 18c CdA U4: 7, 14	☐

Sprechen

Ich kann …		
über Kommunikationsmittel und Internetnutzung sprechen.	SB U3: 1, 6a, 9 CdA U3: 7, 8	☐
Fotos/einen Comic beschreiben.	SB U3: 2 CdA U4: 2, 19	☐
mich über Internetforen austauschen.	SB U3: 15d	☐
mitteilen, was ich (nicht) mag.	SB U3: 12	☐
fragen, wem etwas gehört.	SB U3: 14 CdA U3: 13	☐
Ratschläge geben.	SB U3: 17 CdA U3: 16	☐
über Beziehungsprobleme sprechen.	SB U3: 20 CdA U3: 19a	☐
über Urlaubspläne sprechen.	SB U4: 1c, 3a CdA U4: 8, 18	☐
meine Meinung zu einem Thema äußern.	SB U4: 3c, 4c, 5 CdA U4: 8, 14b, 24b	☐
über eine Sprachreise/einen Austausch sprechen.	CdA U4: 16b, 17c	☐

Schreiben

Ich kann …		
einen Forumsbeitrag schreiben.	SB U3: 18a CdA U3: 23b SB U4: 12	☐
mir eine Geschichte anhand von Fotos ausdenken.	SB U3: 20b CdA U4: 9	☐
mir einen Dialog ausdenken.	SB U3: 20c SB U4: 6b	☐
eine kurzen Artikel schreiben.	SB U4: 9b	☐
eine E-Mail/eine Postkarte verfassen.	SB U4: 19 CdA U4: 6b, 27	☐

Interkulturelles Lernen

Ich kenne/kann/weiß (,) …		
einige spanische Fernsehsender.	SB U3: 13	☐
wer Carmen Martín Gaite ist.	SB U3: 24a	☐
was eine *telenovela* ist.	SB U3: AE	☐
formelle von informellen Gesprächssituationen unterscheiden.	SB U4: 6, 7 CdA U4: 7	☐

Lesen

Ich verstehe ...

Schlagzeilen aus Zeitungen.	SB U5: 1	☐
Statements über Buenos Aires.	SB U5: 12 CdA U5: 15	☐
einen Auszug aus einem Jugendbuch.	SB U5: Rdl SB U6: Rdl	☐
einen Blog zum Thema Berufswahl.	SB U6: 3 CdA U6: 2	☐
Stellenanzeigen.	SB U6: 13a	☐
ein Bewerbungsgespräch.	SB U6: 20a	☐
einen Auszug aus einem Drehbuch.	SB U6: AE	☐
ein Interview.	CdA U6: 16	☐

Hören

Ich verstehe ...

ein Gespräch über das argentinische Spanisch.	SB U5: 4	☐
eine Beschreibung über das Leben auf dem Dorf.	SB U5: 13b	☐
die Schilderung einer Familiengeschichte.	SB U5: 11	☐
einen Reisebericht.	CdA U5: 5	☐
Beschreibungen von Festen.	CdA U5: 14b, c	☐
Schilderungen von Träumen.	SB U6: 6b CdA U6: 4	☐
einen Bericht über die Arbeit in einem Hilfsprojekt.	SB U6: 17	☐
ein Bewerbungsgespräch.	SB U6: 20b CdA U6: 10	☐

Interkulturelles Lernen

Ich kann/weiß (,) ...

einige argentinische Ausdrücke benennen.	SB U5: 3, 4 CdA U5: 4a	☐
welche Sehenswürdigkeiten und berühmten Personen es in Argentinien gibt.	SB U5: 1, 7, 12, AE CdA U5: 1, 7, 10, 12, 19	☐
wie das Schulsystem in Spanien funktioniert.	CdA U6: 7, 8	☐

Sprechen

Ich kann ...

Fragen zu Argentinien stellen und beantworten.	SB U5: 2 CdA U5: 2	☐
über das Leben in Metropolen sprechen.	SB U5: 12c, 15 CdA U5: 21	☐
wiedergeben, was andere Personen gesagt haben.	SB U5: 18 CdA U5: 23	☐
über Zukunftswünsche und Berufe sprechen.	SB U6: 5, 9 CdA U6: 5	☐
über Charaktereigenschaften sprechen.	SB U6: 11	☐
ein Bewerbungsgespräch führen.	SB U6: 20d, AF	☐

Schreiben

Ich kann ...

einen Kommentar schreiben.	SB U5: 14c	☐
eine E-Mail verfassen.	SB U5: 17a CdA U5: 14d CdA U6: 4b	☐
einen Blogbeitrag schreiben.	CdA U5: 24b	☐
ein Forumsbeitrag schreiben.	SB U6: 12	☐
meinen Lebenslauf und ein Anschreiben verfassen.	SB U6: 13 CdA U6: 12 (2)	☐

Arbeitstechniken

Ich kann ...

Wörter erklären.	SB U5: 8 CdA U5: 13, 19 SB U6: 1	☐
Fotos/Bilder beschreiben.	SB U5: 14a CdA U5: 1a SB U6: 2 CdA U6: 16d	☐
eine Statistik erläutern.	SB U5: 10 SB U6: 9 CdA U6: 7	☐
Texte korrigieren.	SB U5: 17b CdA U5: 19 SB U6: 13c	☐
eine Präsentation halten.	SB U5: 9, 15, AE CdA U5: 6, 20	☐
Aussagen sinngemäß in die Zielsprache übertragen.	SB U5: 9, 17 CdA U5: 7, 16 SB U6: 10 CdA U6: 14	☐

Autocontrol 1

1 **1** todo el mundo / **2** recordar / **3** ninguna / **4** joven / **5** la vida / **6** el lugar / **7** aburrido/-a / **8** de pronto / **9** la celebración / **10** raro/-a

2a **1** F, **2** E, **3** B, **4** C, **5** A, **6** D

2b **A** 1997 / **B** 1991 / **C** 1996 / **D** 1997 / **E** 1982-1986 / **F** 1974

3 **1** Llegamos / **2** era / **3** hacía / **4** tenía / **5** nos aburríamos / **6** salimos / **7** esperábamos/ **8** vino/empezó / **9** Cogió / **10** Se llamaba / **11** vivía / **12** presentó / **13** invitaron / **14** empezó / **15** conocimos

4 **1** ¡Qué vergüenza!
2 ¡Qué casualidad!
3 ¡Qué susto!
1 ¿Te llevas bien con tus padres?
2 ¿Estás de acuerdo?
3 ¿Qué no has hecho todavía? / ¿Qué no has hecho nunca?

5a La encuesta trata de la migración a España. Isabel e Ignacio hablan con dos personas.

5b José Andrés habla de Guatemala y Samira habla de Marruecos.

5c **1** querían dar una vida mejor a sus hijos y encontrar trabajo.
2 volver a Guatemala.
3 puede visitar a su familia.
4 española, de Marruecos.
5 2015.
6 tuvieron que estudiar español y buscar trabajo.

6 *Mögliche Lösung**
Cuando era pequeño me gustaba mucho celebrar mi cumpleaños. Siempre lo celebraba con mi familia y tenía una gran fiesta. Mi madre decoraba toda la habitación y mi padre hacía la comida y preparaba una piñata diferente cada año. También venían mis amigos y juntos jugábamos a muchos juegos. Lo importante no eran los regalos, era cómo te sentías ese día.

** Wenn du bei der Bewertung deines Textes unsicher bist, dann frage deinen Lehrer/deine Lehrerin.*

Autocontrol 2

1 dar la opinión, tomar el sol, pasar las vacaciones, irse de vacaciones, dejar en paz, alojarse en un hotel, hacer turismo solidario, contar mentiras

2a B, E

2b **1** b / **2** a / **3** c / **4** c / **5** b / **6** a

3 *Mögliche Lösung**
Cada vez intento usar mi móvil menos. Creo que la gente usa el móvil demasiado y que no se da cuenta. Antes pasaba mucho tiempo con el móvil y lo usaba 6 horas cada día. Creo que es demasiado. Ahora solo lo uso una hora o dos por las tardes para chatear con mis amigos y mirar un poco las redes sociales. Cuando me aburro leo un libro.

4 **1** No, no se lo digo.
2 No, no se las mando.
3 No, no os lo enseño.
4 No, no te la dejo.
5 No, no se la envío.
6 No, no se lo llevo.

5 **1** Javi / **2** Luz / **3** Javi / **4** Unai / **5** Unai / **6** Luz

6 **1** No saquéis/hagáis fotos con mi móvil.
2 No uses mi portátil.
3 Normalmente soy tranquilo/-a, pero hoy estoy nervioso/-a porque tengo un examen.
4 ¿Adónde vas de vacaciones este año?
5 ¿Te alojas en un albergue juvenil o en un apartamento?
6 ¿Qué tipo de turismo te gusta hacer?
7 ¿Qué puedo hacer contra el acoso escolar?

7 **1** vayáis / **2** durmamos / **3** esté / **4** dé / **5** haya / **6** sepan / **7** sean / **8** sienta

8 **1** te acuerdes / **2** aprendamos / **3** despierten / **4** tenemos / **5** gusta / **6** vengan / **7** saquen / **8** veas

** Wenn du bei der Bewertung deines Textes unsicher bist, dann frage deinen Lehrer/deine Lehrerin.*

Autocontrol 3

1 la atracción, el/la bombero/-a, la calidad, el/la estudiante, el/la humorista, el/la inmigrante/la inmigración, la inseguridad, la llegada, el/la peluquero/-a, el/la periodista, la riqueza, la selección

2 **A** oferta 4, porque el horario es de 15:00 a 20:00 los sábados y domingos y puede trabajar con un equipo de chicos jóvenes
B oferta 3, porque es en una emisora de radio y la oferta es para jóvenes universitarios
C oferta 1, porque es para los meses de julio y agosto y es una oferta para trabajar con niños

3 **fecha:** 10 de noviembre
Ushuaia: frío, entre 12 y 7 grados, lluvia y viento
Buenos Aires: sol, entre 24 y 18 grados
Salta: nubes, lluvia y tormenta, entre 29 y 16 grados
Iguazú: mucho calor y sol, entre 37 y 19 grados
Mendoza: sol, entre 30 y 18 grados

4 **1** habíamos dormido / **2** había preparado / **3** había buscado / **4** había olvidado / **5** habíamos salido

5 **1** Mi amiga estudia todos los días español conmigo para que (yo) apruebe el examen.
2 Estudio el vocabulario para que mi amiga de intercambio pueda hablar/charlar conmigo.
3 Daniel se va a Buenos Aires sin que sus hermanos lo sepan.
4 Es difícil encontrar un puesto de trabajo sin que nadie te ayude.
5 Lo mejor en Argentina es su paisaje espectacular.
6 Lo más aburrido del viaje fue el concierto de Tini.

6 *Mögliche Lösungen*
1 ella se alegra/se va a alegrar/va a alegrarse
2 tomáis muchos dulces,
3 quedo contigo/voy a quedar contigo
4 invitas a una limonada,
5 les voy a comprar
6 descansas un rato,

7 *Mögliche Lösung**
Después de terminar el instituto a Jonas le gustaría viajar a Perú. Allí va a estudiar/estudiará periodismo y va a trabajar/trabajará para un periódico importante. Va a formar/Formará una familia muy grande y juntos van a viajar/viajarán por todo el mundo. Van a visitar/Visitarán muchos lugares, van a vivir/vivirán un año en cada sitio. Va a hacer/Hará lo que siempre quiso hacer y sus sueños se van a hacer/se harán realidad.

** Wenn du bei der Bewertung deines Textes unsicher bist, dann frage deinen Lehrer/deine Lehrerin.*

Por una mirada (U3, 22)

Gustavo Adolfo Bécquer

Por una mirada, un mundo;
por una sonrisa, un cielo;
por un beso... ¡yo no sé
qué te diera por un beso!

Bildnachweis

|akg-images GmbH, Berlin: Album 9.5; Heritage Images / Index 6.2. |Alamy Stock Photo (RMB), Abingdon/Oxfordshire: Andronov, Leonid 66.1; Black, Stuart 55.4; David Noton Photography 50.5; David R. Frazier Photolibrary, Inc. 50.2; Houlbrook, James 9.3; imageBROKER 41.5; Levy, Yadid 49.2; Padro, Efrain 58.1; robertharding 50.6; © DWD-Media 9.2. |Alzate Afanador, María Paula, Bogotá: 66.2, 67.1, 67.2, 67.3. |CAMINITO s.a.s. Literary Agency, Cesano Maderno (MB): © 1964, legatee of Joaquín S. Lavado (Quino) 35.1. |Festival Interceltique de Lorient, Lorient: 9.4. |fotolia.com, New York: Barskaya, Galina 49.6; coco 68.3; Gerhard Reus 2.6; Goran Bogicevic 39.4; Jakub Cejpek 39.6; JFL Photography 5.1; Lagui 39.3; Mimohe 8.3; muro 68.2; Picture-Factory 64.1; Radlgruber, Jakob 50.4; VILevi 39.1. |Getty Images, München: 2014 LatinContent 54.1; Anadolu Agency 58.2; Griffiths, Laurence 53.1. |Getty Images (RF), München: Jon Hicks 58.4; Paul Souders 51.1; Sans Georg Roth 2.2; Westend61 2.1. |Glasbergen, Randy/ glasbergen.com, Sherburne: 27.2. |Imago Editorial, Berlin: blickwinkel/M. Woike 41.3. |Interfoto, München: Mary Evans / Pharcide 42.2. |iStockphoto.com, Calgary: 3dan3 21.2; AndresRuffo 55.2; arousa 2.4; Christopher Futcher 39.5; DavidCallan 39.2; DC_ Colombia 58.3; elvirkin 42.1; fotoVoyager 18.1; FrankvandenBergh 49.1; jarnogz 2.5; kali9 41.4; Lux Blue 2.3; MangoStar_Studio 68.1; monkeybusinessimages Titel; Nikada Titel; pmsm 2.7; Schneckenhaus, Jan 49.5; thinair28 37.3; Tsvetkov, Todor 13.1. |Naumann, Andrea, Aachen: 3.1, 4.1, 4.2, 4.3, 4.4, 4.5, 4.6, 4.7, 4.8, 5.2, 6.1, 7.1, 8.5, 9.1, 11.1, 11.2, 11.3, 11.4, 11.5, 11.7, 11.8, 11.9, 11.10, 13.2, 13.3, 13.4, 13.5, 14.1, 14.2, 14.3, 14.4, 15.1, 15.2, 15.3, 15.4, 15.5, 15.6, 15.7, 15.8, 16.1, 17.1, 18.2, 20.1, 21.1, 21.3, 22.1, 22.2, 22.3, 22.4, 22.5, 22.6, 25.1, 25.2, 25.3, 25.4, 25.5, 25.6, 25.7, 25.8, 26.1, 27.1, 29.1, 29.2, 29.3, 29.4, 29.5, 30.1, 32.1, 34.1, 36.1, 43.1, 43.2, 45.1, 46.1, 46.2, 46.3, 46.4, 46.5, 52.1, 52.2, 52.3, 52.4, 52.5, 52.6, 60.1, 60.2, 60.3, 60.4, 60.5, 60.6, 62.1. |rsrdesign Gerlinde Reckels & Harry Schneider-Reckels, Wiesbaden: 8.6, 8.7, 10.1, 11.6. |Shutterstock.com, New York: ABB Photo 8.1; Alliance Images 37.2; Anibal Trejo 49.4; Bartosz Turek 8.2; EpicStockMedia 41.1; ESB Professional 50.1; GDGrafico 50.3; KVN1777 41.2; Peters, Christian 49.3; sssanchez 8.4. |Silvia Seoane, Braunschweig: 63.1. |stock.adobe.com, Dublin: Anibal Trejo 59.1; BorderaS. 37.1; Ernst, Daniel 18.3; jkraft5 56.1; photocrew 55.1. |ullstein bild, Berlin: Etchart, Julio 55.3.

westermann

Gramática

PUENTE AL ESPAÑOL 2

nueva edición

Inhalt Índice

Im Grammatikheft kannst du alle grammatikalischen Regeln noch einmal nachschlagen.
Du findest in diesem Heft folgende Symbole:

G1 *1*	Dieses Thema kannst du in der Grammatik von Band 1, Kapitel 1 nachlesen.
4 *18*	Das Grammatikthema wird in Lektion 4, Text 18 eingeführt.
V	Schau dir die Konjugation in den Verbtabellen am Ende des Hefts an.
G2 *9.5*	Lies den Punkt 9.5 in der Grammatik dieses Bandes.

1 Die Artikel **Los artículos** → G1 1

2 Die Substantive **Los sustantivos** → G1 2

3 Pronomen und Begleiter **Los pronombres y determinantes** → G1 3

3.1 Die Fragepronomen und -adverbien Los pronombres y adverbios interrogativos → G1 3.1

3.2 Die Personalpronomen Los pronombres personales → G1 3.2

- Zwei aufeinanderfolgende Pronomen
  Dos pronombres de complemento seguido → 4 15

Aus Band 1 kennst du bereits die indirekten und die direkten Objektpronomen.
*Necesitamos un regalo para **Alejandro**, ¿qué **le** compramos?*
*Necesitamos un regalo para **Alejandro y Noelia**, ¿qué **les** compramos?*
*¿Ya has visto **el nuevo piso**? – Sí, ya **lo** he visto.*
*¿Ya has visto **la nueva película** con Penélope Cruz? – Sí, ya **la** he visto.*

Möchtest du beide Objektpronomen in einem Satz verwenden, musst du eine Besonderheit beachten:
Vor **lo/la/los/las** werden die indirekten Objektpronomen **le** und **les** zu **se**!

		indirekte Objektpronomen Dativ (wem?)	direkte Objektpronomen Akkusativ (wen?/was?)
Singular	1. Person	**me**	
	2. Person	**te**	
	3. Person	**le** → **se**	**lo / la**
Plural	1. Person	**nos**	
	2. Person	**os**	
	3. Person	**les** → **se**	**los / las**

In der Regel stehen beide Pronomen vor dem konjugierten Verb. Anders als im Deutschen steht das indirekte Objektpronomen immer **vor** dem direkten Objektpronomen.

*Iker, ¿**me** das **el folleto** del hotel?*
*– Sí, ahora **te lo** doy.*

*¿**Le** cuentas **la historia a Paulina**?*
*– Ya **se la** ha contado Gilberto.*

Bei bejahten Imperativen und Infinitivkonstruktionen mit *antes de* und *después de* **müssen** beide Pronomen angehängt werden.
*Si tienes alguna idea, ¡cuénta**nosla**!*
*Antes de dár**telo**, tengo que mirar una cosa.*

Achte auf die Akzentsetzung, wenn du beide Pronomen anhängst.
Dime. – Dímelo.

Bei Verbalperiphrasen **können** beide Pronomen entweder vor dem konjugierten Verb stehen oder an den Infinitiv/das Gerundium angehängt werden.
*Mañana voy a decír**telo**./ Mañana **te lo** voy a decir.*
*Iker está contándo**selo** a Paulina./ Iker **se lo** está contando a Paulina.*

Das neutrale Pronomen *lo* El pronombre neutro *lo* → 1 3

Das neutrale Personalpronomen ***lo*** ersetzt einen ganzen Satz oder Satzteile.
Lo ist unveränderlich und entspricht dem deutschen *es*.
¿Sabes cómo se llama la prima de Laia? – No, no ***lo*** *sé.*
Weißt du, wie Laias Cousine heißt? – Nein, ich weiß es nicht.

Lo verwendest du außerdem zur Substantivierung von Adjektiven. → G2 4.3

3.3 Die Demonstrativpronomen und -begleiter Los pronombres y determinantes demostrativos → G1 3.3

3.4 Die Possessivpronomen und -begleiter Los pronombres y determinantes posesivos → 3 7

Aus Band 1 kennst du bereits die unbetonten Possessivbegleiter *(mi/s, tu/s, su/s, nuestro/-a/s/-as, vuestro/-a/s/-as, su/s)*. Sie stehen immer **vor** dem Bezugswort.
Alejandro es ***mi*** *amigo.* *Alejandro ist mein Freund.*

Die betonten Possessivbegleiter Los determinantes posesivos tónicos → 3 7

Im Spanischen gibt es zusätzlich betonte Possessivbegleiter. Auch sie werden in Geschlecht und Zahl an das Bezugswort angeglichen. Im Unterschied zu den unbetonten Possessivbegleitern stehen sie immer **hinter** dem Substantiv. Man verwendet sie, wenn man sich auf einen Teil einer Gesamtmenge bezieht.
*Sergio es un prim**o** mío.* *Sergio ist ein Cousin von mir. (Ich habe mehrere Cousins.)*
*Raquel y Celia son amig**as** mías.* *Raquel y Celia sind Freundinnen von mir.*

Singular		Plural	
mío **mía**	un amigo mío una amiga mía	**míos** **mías**	unos amigos míos unas amigas mías
tuyo **tuya**	un profesor tuyo una profesora tuya	**tuyos** **tuyas**	unos profesores tuyos unas profesoras tuyas
suyo **suya**	un primo suyo una prima suya	**suyos** **suyas**	unos primos suyos unas primas suyas
nuestro **nuestra**	un amigo nuestro una amiga nuestra	**nuestros** **nuestras**	unos amigos nuestros unas amigas nuestras
vuestro **vuestra**	un alumno vuestro una alumna vuestra	**vuestros** **vuestras**	unos alumnos vuestros unas alumnas vuestras
suyo **suya**	un primo suyo una prima suya	**suyos** **suyas**	unos primos suyos unas primas suyas

Oft stehen vor dem Substantiv zusammen mit den betonten Possessivbegleitern andere Begleiter, z. B. unbestimmte Artikel, Indefinitbegleiter oder Mengenangaben.
Gilberto ha visitado a Rosa. Es ***una*** *tía* ***suya****.*
Carlos y Sergio son ***dos*** *amigos* ***míos****.*
Algunos *alumnos* ***suyos*** *no han venido a clase hoy.*

Mit dem Verb ***ser*** und den betonten Possessivbegleitern (***mío***, ***tuyo***, ***suyo***, etc.) drückt man ein Besitzverhältnis aus (*das gehört mir/dir/ihm/ihr/...*).

▪ Die Possessivpronomen **Los pronombres posesivos** → 3 7

Statt ein Substantiv zu wiederholen, kannst du die Angabe von Besitzverhältnissen/Beziehungen durch ein Possessivpronomen ausdrücken. Die Possessivpronomen setzen sich aus einem bestimmten Artikel und einem betonten Possessivbegleiter zusammen.
*No encuentro mi movil. – Puedes usar **el mío**. (= mi móvil)*
*Mi canción favorita es "Despacito", ¿y **la tuya**? (= tu canción favorita)*
*Nuestras ideas son buenas, pero **las vuestras** (= vuestras ideas) son mejores.*

Das Verb ***ser*** in Kombination mit den Possessivpronomen (***el mío***, ***el tuyo, el suyo*** etc.) drückt ebenfalls ein Besitzverhältnis aus bzw. dient der Auswahl oder Identifikation einer Sache oder Person.

3.5 Die Indefinitpronomen und -begleiter Los pronombres y determinantes indefinidos

Einige Indefinitpronomen und -begleiter hast du bereits in Band 1 kennengelernt. → G1 3.5

▪ *Alguno* und *ninguno* ***Alguno y ninguno*** → 2 1

Die Indefinitpronomen können das Substantiv ersetzen und alleine im Satz stehen.
Sie richten sich in Geschlecht und Zahl nach dem Substantiv, das sie ersetzen.
¿Has hecho algún viaje interesante este año? – No, no he hecho ninguno.

	Begleiter	Pronomen	
Singular ♂	algún amigo ningún chico	alguno ninguno	irgendein/e/-s kein/e/-s
♀	alguna amiga ninguna chica	alguna ninguna	
Plural ♂	algunos amigos (*ningunos) vaqueros	algunos (*ningunos)	einige keine
♀	algunas amigas (*ningunas) vacaciones	algunas (*ningunas)	

Stehen ***alguno*** oder ***ninguno*** vor einem männlichen Substantiv im Singular entfällt das ***-o*** und sie werden zu ***algún*** und ***ningún***.

****Ningunos*** und ***ningunas*** werden nur sehr selten und nur in Verbindung mit Pluralwörtern verwendet.

3.6 Die Reflexivpronomen Los pronombres reflexivos → G1 3.6

3.7 Die Relativpronomen **Los pronombres relativos** → 5 3

- Das Relativpronomen *lo que* **El pronombre relativo *lo que*** → 5 3

Das Relativpronomen ***lo que*** besteht aus dem neutralen Pronomen ***lo*** und ***que***.
Es bezieht sich auf den gesamten Inhalt eines (Teil-)Satzes und kann mit *(das) was* übersetzt werden. ***Lo que*** kann sowohl vor als auch hinter dem Hauptsatz stehen.

***Lo que** más me gusta de Argentina son las montañas.*
(Das) was mir am besten in Argentinien gefällt, sind die Berge.
*Javier lee **lo que** escribieron los fans sobre Argentina.*
Javier liest, (das) was die Fans über Argentinien geschrieben haben.

4 Die Adjektive **Los adjetivos**

4.1 Die Bildung der Adjektive **El género y número de los adjetivos** → G1 4.1

4.2 Die Stellung und Verkürzung von Adjektiven **La posición y la apócope de adjetivos** → 6 8

Du weißt bereits aus Band 1, dass im Spanischen die Adjektive in der Regel hinter dem Substantiv stehen, auf das sich sich beziehen. Es gibt aber einige Ausnahmen, die auch vor dem Bezugswort stehen können. Bei folgenden Adjektiven ändert sich die Bedeutung – je nachdem, ob es vorangestellt ist oder nicht.

antiguo/-a	una casa antigua ein altes Haus mi antigua casa mein ehemaliges Haus
grande	una fiesta grande ein großes Fest una gran fiesta ein großartiges Fest
nuevo/-a	una canción nueva ein neues Lied una nueva canción ein anderes Lied
pobre	un hombre pobre ein armer (besitzloser) Mann un pobre hombre ein armer (bedauenswerter) Mann
viejo/-a	una amiga vieja eine alte (nicht junge/betagte) Freundin una vieja amiga eine alte (langjährige) Freundin
único/-a	un viaje único eine einzigartige Reise un único viaje eine einzige Reise

Grande wird vor männlichen und weiblichen Substantiven im Singular zu ***gran***. Vor Sub-stantiven im Plural wird ***grandes*** verwendet.
*Viajar a Argentina ha sido una **gran** experiencia y un **gran** sueño para mí.*
*Celia siempre tiene **grandes** ideas.*

4.3 Die Substantivierung von Adjektiven **La sustantivación de los adjetivos** → 5 *12*

Wie im Deutschen kannst du aus Adjektiven (und Superlativen) Substantive bilden.
Im Spanischen verwendest du den neutralen Artikel ***lo*** und die männliche Form des Adjektivs im Singular. Mit ***de*** kannst du das Substantiv oder den Infinitiv näher bestimmen.

Lo bonito de *esta ciudad es que hay muchos parques.*
(das Schöne)

Para mí el barrio de la Boca es ***lo más interesante de*** *Buenos Aires.*
(das Interessanteste)

Lo mejor de *vivir en una ciudad grande son las actividades culturales.*
(das Beste)

5 Die Steigerung **El comparativo y el superlativo** → G1 *5*

6 Die Adverbien **Los adverbios** → 2 *1*

Adverbien dienen zur näheren Bestimmung eines Verbs.
Antonio explica detalladamente el proyecto. Antonio erklärt das Projekt im Detail.

Adverbien können sich auch auf einen ganzen Satz beziehen.
Celia normalmente no ve partidos de fútbol. Celia sieht sich normalerweise keine Fußballspiele an.

Adverbien der Art und Weise werden mit der femininen Form des Adjektivs + **mente** gebildet. Trägt das Adjektiv einen Akzent, so geht dieser beim Adverb nicht verloren.
serio → seriamente
urgente → urgentemente
fácil → fácilmente
rápido → rápidamente/rápido

Einige Adverbien sind unregelmäßig.
bueno → ***bien***
malo → ***mal***

Rápido kannst du als Adjektiv und als Adverb verwenden.

Auch im Französischen werden Adverbien durch das Anhängen von *-ment* an die feminine Form des Adjektivs gebildet: *sérieux(-euse) → sérieusement.*

Im Englischen wird in der Regel *-ly* an das Adjektiv angehängt: *quick → quickly.*

7 Die Präpositionen **Las preposiciones** → G1 *6*

8 Die Verben **Los verbos**

8.1 Die Konjugationsgruppen **Las conjugaciones** → G1 7.1

8.2 *Ser*, *estar* und *hay* ***Ser*, *estar* y *hay*** → G1 7.2

- *Ser/estar* + Adjektiv ***Ser/estar* + adjetivo** → 4 3

In Band 1 hast du gelernt, dass das Verb *sein* im Spanischen mit ***ser*** oder mit ***estar*** übersetzt werden kann.

Das Verb ***ser*** drückt eine dauerhafte oder charakteristische Eigenschaft aus. Das Verb ***estar*** wird unter anderem bei vorübergehenden Zuständen von Personen oder Sachen verwendet.
*Iker **es** muy simpático. Hoy Iker **está** muy contento.*

Einige Adjektive können mit ***ser*** und mit ***estar*** verwendet werden, je nachdem, ob man eine dauerhafte, charakteristische Eigenschaft (***ser***) ausdrücken oder einen vorübergehenden Zustand (***estar***) betonen möchte.

ser	estar
La madre de Iker **es** tranquila. Ikers Mutter ist eine ruhige Person.	La madre de Iker no **está** muy tranquila por el viaje. Ikers Mutter ist wegen der Reise unruhig/aufgeregt.
Normalmente los padres de Iker no **son** pesados. Normalerweise sind Ikers Eltern nicht nervig.	Estos días los padres de Iker **están** muy pesados. In letzter Zeit sind Ikers Eltern sehr nervig.
Iker **es** muy guapo. Iker ist ein gut aussehender Junge.	Hoy Iker **está** muy guapo con su gorra nueva. Heute sieht Iker besonders gut aus mit seiner neuen Mütze.
El nuevo profesor de Matemáticas **es** aburrido. Der neue Mathelehrer ist langweilig.	En la clase de Matemáticas **estoy** aburrido. Im Matheunterricht langweile ich mich.
Mi prima **es** una persona abierta. Meine Cousine ist eine aufgeschlossene Person.	La puerta **está** abierta. Die Tür ist offen.
Los padres de mi novio **son** ricos. Die Eltern meines Freundes sind reich.	Las aceitunas **están** ricas. Die Oliven sind lecker.
Raquel **es** una chica lista. Raquel ist ein kluges Mädchen.	Raquel **está** lista para ir al cine. Raquel ist bereit/fertig, um ins Kino zu gehen.

Bei einigen Adjektiven ändert sich die Bedeutung abhängig davon, ob sie mit ***ser*** oder ***estar*** verwendet werden.
*Este chico **es** malo.* *Dieser Junge ist böse.*
*Este chico **está** malo.* *Dieser Junge ist krank.*
*La comida de este hotel **es** buena.* *In diesem Hotel ist das Essen gut.*
*La comida no **está** buena.* *Das Essen schmeckt nicht gut.*

8.3 Die Modalverben **Los verbos modales** → G1 7.3

8.4 Die reflexiven Verben **Los verbos reflexivos** → G1 7.4

8.5 *Saber* oder *poder*? **¿*Saber* o *poder*?** → G1 7.5

8.6 *Ir* oder *venir*? *Traer* oder *llevar*? **¿*Ir* o *venir*? ¿*Traer* o *llevar*?** → G1 7.6

8.7 Die Verbalperiphrasen **Las perífrasis verbales**

8.7.1 Die nahe Zukunft ***Ir a* + infinitivo** → G1 7.7.1

8.7.2 *Acabar de* + Infinitiv ***Acabar de* + infinitivo** → G1 7.7.2

8.7.3 Die Verlaufsform ***Estar* + gerundio** → G1 7.7.3

8.7.4 Weitere Verbalperiphrasen **Otras perífrasis verbales** → 4 15

continuar/seguir + gerundio	fortfahren, etwas zu tun/ etwas weitermachen	Paulina **continúa/sigue hablando** con Iker sobre el programa. Paulina spricht weiter mit Iker über die Sendung.
llevar (+ Zeitraum) + gerundio	seit (+ Zeitraum) etwas tun	Raquel **lleva** una hora **hablando** con sus primas. Raquel spricht seit einer Stunde mit ihren Cousinen.
pasar (+ Zeitraum) + gerundio	Zeit damit verbringen, etwas zu tun	Cibrán **pasa** todo el día **tomando** el sol. Cibrán sonnt sich den ganzen Tag.
empezar a + infinitivo	beginnen, etwas zu tun	Celia **empieza a preparar** su programa. Celia beginnt, ihr Programm vorzubereiten.
volver a + infinitivo	wieder etwas tun	Iker **vuelve a hacer** un curso de surf. Iker macht wieder einen Surfkurs.
dejar de + infinitivo	aufhören, etwas zu tun	**Dejé de jugar** al fútbol hace un año. Ich habe vor einem Jahr aufgehört, Fußball zu spielen.

Im Englischen gibt es ähnliche Konstruktionen mit Gerundium.
We were tired but we ***continued dancing****. We* ***started dancing*** *five hours ago.*

8.8 Der Indikativ **El indicativo**

8.8.1 Das Präsens **El presente** → G1 7.8.1

8.8.2 Das *indefinido* **El pretérito indefinido** → G1 7.8.2

8.8.3 Das Perfekt **El pretérito perfecto** → 2 1

- Die Bildung **La formación**

Das *pretérito perfecto* wird mit dem Hilfsverb ***haber*** und dem Partizip gebildet.
Die regelmäßigen Partizipien werden aus dem Stamm des Infinitivs und der Endung ***-ado*** bei den Verben auf ***-ar*** und der Endung ***-ido*** bei den Verben auf ***-er*** und ***-ir*** gebildet.
Die Partizipien im *pretérito perfecto* bleiben unverändert.

haber	
he **has** **ha** **hemos** **habéis** **han**	lleg**ado** hoy com**ido** mucho ven**ido** a casa

Einige Partizipien sind unregelmäßig:

decir	**dicho**
hacer	**hecho**
escribir	**escrito**
poner	**puesto**
ver	**visto**
abrir	**abierto**
descubrir	**descubierto**
volver	**vuelto**

Die Partizipien *creído (creer), leído (leer)* und *traído (traer)* tragen einen Akzent (siehe Akzentregeln auf S. 42).

Der Gebrauch **El uso**

Mit dem *pretérito perfecto* kann man ausdrücken, was in einem noch nicht abgeschlossenen Zeitraum passiert ist.
Die Reflexiv- und Objektpronomen stehen immer vor *haber*.
*Mi prima me **ha escrito** un e-mail esta semana.*
*Hoy Raquel se **ha despertado** a las ocho.*

Das *pretérito perfecto* wird oft mit Zeitangaben wie *hoy, hace poco, esta mañana, este mes, este año, hasta ahora, nunca, muchas veces, todavía no* oder *ya* verwendet.

Es werden auch Handlungen und Ereignisse ausgedrückt, die in der Vergangenheit stattgefunden, aber noch eine Wirkung auf die Gegenwart haben.
*Raquel está muy contenta porque por fin **ha conocido** a sus primas.*
*Paulina no **ha escuchado** todavía la entrevista de Raquel.*

Das *present perfect* im Englischen wird ähnlich gebildet und beschreibt ebenfalls Vergangenes, das noch einen Bezug zur Gegenwart hat.
*Paulina **hasn't listened** to Raquel's interview yet.*

8.8.4 Perfekt oder *indefinido*? **¿Pretérito perfecto o pretérito indefinido?** → 2 *11*

Mit dem *pretérito perfecto* und dem *pretérito indefinido* werden Handlungen oder Ereignisse wiedergegeben, die in der Vergangenheit geschehen sind.

In Lateinamerika und im Norden Spaniens (Galicien, Asturien, Kantabrien, Baskenland etc.) wird in der Regel das *pretérito indefinido* bevorzugt.

Das *pretérito perfecto* beschreibt abgeschlossene Handlungen, deren Auswirkungen noch bis in die Gegenwart reichen oder die in einem noch nicht abgeschlossenen Zeitraum stattgefunden haben.
Das *pretérito indefinido* beschreibt eine Handlung als abgeschlossen. Sie hat keine Auswirkungen mehr auf die Gegenwart und hat in einem bereits abgeschlossenen Zeitraum stattgefunden.

Pretérito perfecto verwendet man:	***Pretérito indefinido*** verwendet man:
für Ereignisse, die *heute* geschehen sind und Handlungen, die einen Bezug/eine Auswirkung auf die Gegenwart haben.	für Ereignisse, die keinen Bezug zum heutigen Tag haben. Der Zeitraum der Handlung ist abgeschlossen.
wenn etwas bis heute noch nicht oder schon öfter passiert ist.	mit genauen Zeitangaben, zum Beispiel: *en 2020, el 1 de abril.*
bei Zeitangaben mit dem Demonstrativbegleiter *este/esta/estos/estas*, zum Beispiel: *esta mañana/semana, este verano/año, estos días.*	bei Zeitangaben mit *pasado/-a*, zum Beispiel: *la semana pasada, el año/mes pasado, el lunes pasado, …*
Sie stehen außerdem häufig im Zusammenhang mit diesen Zeitangaben: *hoy, hace poco, nunca, muchas veces, todavía no, hasta ahora, ya.*	Sie stehen außerdem häufig im Zusammenhang mit diesen Zeitangaben: *ayer, anoche, hace … día(s)/mes(es).*

Im Deutschen ist der Gebrauch der Vergangenheitszeiten anders. In der gesprochenen Sprache verwendet man im Deutschen normalerweise das Perfekt, in der geschriebenen Sprache steht häufig das Präteritum. Dabei ist es egal, ob etwas in einem bereits beendeten Zeitraum passiert ist oder in einem Zeitraum, der noch nicht abgeschlossen ist.

8.8.5 Das Imperfekt **El pretérito imperfecto** → 2 1 → V

Die regelmäßigen Formen **Las formas regulares**

Im *pretérito imperfecto* werden fast alle Verben regelmäßig gebildet. Die Endungen der Verben auf ***-er*** und ***-ir*** sind identisch, ebenso jeweils die Formen der 1. und 3. Person Singular.

	trabaj**ar**	hac**er**	viv**ir**
yo	trabaj**aba**	hac**ía**	viv**ía**
tú	trabaj**abas**	hac**ías**	viv**ías**
él/ella/usted	trabaj**aba**	hac**ía**	viv**ía**
nosotros/-as	trabaj**ábamos**	hac**íamos**	viv**íamos**
vosotros/-as	trabaj**abais**	hac**íais**	viv**íais**
ellos/-as/ustedes	trabaj**aban**	hac**ían**	viv**ían**

Auch die Form von ***hay*** wird regelmäßig gebildet (***hay*** → ***había***) und sie wird nur im Singular verwendet.
*En el pueblo del abuelo no **había** muchas cosas para los jóvenes.*

Die unregelmäßigen Formen **Las formas irregulares**

ir	**ser**	**ver**
iba	era	veía
ibas	eras	veías
iba	era	veía
íbamos	éramos	veíamos
ibais	erais	veíais
iban	eran	veían

Im *pretérito imperfecto* musst du dir nur die unregelmäßigen Formen von *ir*, *ser* und *ver* merken.

Achte auf die Akzente bei der 1. Person Plural von *ir* und *ser*.

Der Gebrauch **El uso**

Mit dem *pretérito imperfecto* beschreibt man Situationen und Zustände in der Vergangenheit und antwortet auf die Frage: ***¿Cómo era?*** *Wie war er/sie/es?*
Man verwendet es für die Beschreibung von:

Gewohnheiten und sich wiederholenden Handlungen	*Antes Cibrán **pasaba** todos los veranos en el pueblo de sus abuelos.*
Sachen (Größe, Form, Farbe, Preis etc.)	*La casa de los abuelos de Cibrán **era** pequeña pero tenía un jardín muy grande.*
Personen (Alter, Beruf, Aussehen, Charakter etc.)	*El mejor amigo del abuelo **se llamaba** Juan.*
Orten	*Antes en mi barrio **había** muy pocos restaurantes.*
Situationen und Zuständen	*Aquí no **había** tanto trabajo como en la ciudad.*
parallele Handlungen (Anfang, Ende und Dauer interessieren nicht bzw. sind nicht bekannt)	*Mientras Cibrán **hacía** la entrevista, otra chica **preparaba** la música para el programa.*

Für das *pretérito imperfecto* werden häufig Signalwörter *(marcadores)* verwendet, z. B. *antes* (im Sinne von früher), *en aquellos tiempos, (por aquel) entonces, en esa época* sowie Adverbien, die eine Häufigkeit ausdrücken, wie z. B. *siempre, normalmente, todos los días, muchas veces, a veces, nunca* etc.

8.8.6 Imperfekt oder *indefinido*?
¿Pretérito imperfecto o pretérito indefinido? → 1 10

Im Spanischen musst du dich häufig zwischen den beiden Vergangenheitszeiten *pretérito imperfecto* oder *pretérito indefinido* entscheiden. Mit dem ***pretérito imperfecto*** beschreibt man eine Situation und die Umstände einer Handlung, also alles, was im Hintergrund abläuft. *(Wie war es?)*
Das ***pretérito indefinido*** beschreibt eine Handlung als abgeschlossen bzw. Aktionen, die im Vordergrund ablaufen oder neu eintreten. *(Was ist passiert?)*

> Die Beurteilung eines Ereignisses oder einer Situation wird im *pretérito indefinido* ausgedrückt.
> *El domingo pasado* ***fue*** *un día genial.*

	Cuando Ana y yo **estábamos** en el casco antiguo el domingo pasado, **hacía** mucho calor. **Había** muchos turistas y mimos.	**imperfecto** Beschreibung der Situation, es passiert nichts Konkretes
	Mientras **paseábamos**, **tomábamos** un helado.	**imperfecto/imperfecto** parallele Handlungen, Anfang und Ende sind unbekannt oder uninteressant
	**Mirábamos** a un mimo y de repente **se cayó** delante de nosotras.	**imperfecto/indefinido** Hintergrundhandlung/Situation *(imperfecto)* mit neu einsetzender Handlung *(indefinido)*
	Entonces una chica **corrió** hacia él. Le **dio** un poco de agua y al final el mimo **se levantó**.	**indefinido/indefinido** aufeinanderfolgende Handlungen (Handlungskette)

Die Bedeutung einiger Verben kann sich ändern, je nachdem, ob sie im *pretérito imperfecto* oder im *pretérito indefinido* stehen.

	pretérito imperfecto		**pretérito indefinido**	
conocer	kennen	¿Cuando fuiste a Santiago ya **conocías** a la abuela?	kennenlernen	Ale **conoció** a Cibrán en Santiago de Compostela.
saber	wissen	Yo no lo **sabía**.	erfahren	Lo **supe** por el abuelo.
tener	haben, besitzen	De pequeño mi abuelo **tenía** dos gatos.	bekommen	Mis abuelos **tuvieron** solo dos hijos.
ir	unterwegs sein	Cuando **iba** por el centro me encontré con el profe de Inglés.	gehen, fahren	El año pasado **fuimos** a los Pirineos.

8.8.7 Das Plusquamperfekt **El pretérito pluscuamperfecto** → 5 3

Wie das *pretérito perfecto* wird das *pretérito pluscuamperfecto* mit dem Verb *haber* und dem Partizip gebildet, allerdings steht beim *pluscuamperfecto* das Verb *haber* im *imperfecto*.

imperfecto de *haber*	+ participio
había **habías** **había** **habíamos** **habíais** **habían**	encontr**ado** trabajo com**ido** un bocadillo recib**ido** un mensaje

Erinnere dich an die unregelmäßigen Partizipien, zum Beispiel:

decir	**dicho**
hacer	**hecho**
escribir	**escrito**
poner	**puesto**
ver	**visto**
abrir	**abierto**
volver	**vuelto**

Wie im Deutschen drückt das *pretérito pluscuamperfecto* die Vorvergangenheit aus. Es wird ein abgeschlossener Vorgang (**Handlung 1**) beschrieben, der vor einem anderen Vorgang (**Handlung 2**) in der Vergangenheit eintrat.

*La manifestación **empezó** y después **llegó** Celia.*
*Cuando Celia **llegó** a la plaza, la manifestación ya **había empezado**.*
Als Celia auf dem Platz ankam, hatte die Demonstration schon angefangen.

Die zweite Handlung kann im *indefinido*, im *imperfecto* oder im *perfecto* stehen.
Es kann sich auch um einen Infinitiv-Satz handeln *(antes de)*.
*Celia **estaba** muy cansada porque **había trabajado** mucho ese día.*
*Hoy **he visto** una película en la tele que ya **había visto** en el cine.*
***Antes de ir** a Marruecos, Raquel ya **había visto** fotos de sus primas.*

El idioma

Es gibt auch Fälle, bei denen das *pretérito pluscuamperfecto* anders als im Deutschen verwendet wird.

8.8.8 Das Futur **El futuro simple*** → 6 18 → V

Die regelmäßigen Formen **Las formas regulares**

Die Endungen des *futuro simple* sind bei allen drei Konjugationsgruppen gleich.
Bei den regelmäßigen Formen werden sie an den Infinitiv angehängt.
Bis auf die 1. Person Plural tragen alle Formen auf der Endung einen Akzent.

pasar	**ver**	**escribir**
pasar**é**	ver**é**	escribir**é**
pasar**ás**	ver**ás**	escribir**ás**
pasar**á**	ver**á**	escribir**á**
pasar**emos**	ver**emos**	escribir**emos**
pasar**éis**	ver**éis**	escribir**éis**
pasar**án**	ver**án**	escribir**án**

Abgesehen von den Akzenten entsprechen die Endungen des *futuro simple* den Endungen von *haber* im Präsens.

haber
he
has
ha
hemos
hab**éis**
han

Die unregelmäßigen Formen **Las formas irregulares**

Diese Verben haben einen unregelmäßigen Stamm, an den die Endungen angehängt werden.

poner salir tener valer venir	pon**dr**- sal**dr**- ten**dr**- val**dr**- ven**dr**-	-**é** -**ás** -**á** -**emos** -**éis** -**án**	Die Vokale ***e*** und ***i*** der Infinitiv-Endung werden zu ***d***.
haber poder querer saber	hab**r**- pod**r**- quer**r**- sab**r**-		Das ***e*** der Infinitiv-Endung fällt weg.
decir hacer	**dir**- **har**-		Der Stamm ist unregelmäßig.

hay → habrá

Der Gebrauch **El uso**

Das *futuro simple* verwendest du:

um über zukünftige mögliche Handlungen oder Zustände zu sprechen.	*Cuando venga Alejandro a nuestra casa,* ***haremos** muchas cosas juntos.* *Wenn Alejandro zu uns (nach Hause) kommt,* *werden wir viele Sachen gemeinsam unternehmen.*
für Annahmen oder Vermutungen, die sich auf die Gegenwart beziehen.	*¿Enrique **será** simpático?* *Ist Enrique wohl sympathisch?* *¿Cuánto **costará** el viaje a Londres?* *Was kostet wohl die Reise nach London?* *No sé, **costará** unos 150 euros.* *Ich weiß nicht, wird wohl ca. 150 Euro kosten.*
in realen Bedingungssätzen. → G2 9.4	*Si Tom no está muy cansado,* ***podremos** enseñarle un poco de la ciudad.* *Wenn Tom nicht zu müde ist,* *können wir ihm ein wenig die Stadt zeigen.*

*nur für Sachsen-Anhalt und Thüringen

8.9 Der Imperativ **El imperativo** → V

In Band 1 hast du den bejahten Imperativ gelernt.
Damit drückst du aus, dass jemand etwas tun soll. → G1 *7.9*

Der verneinte Imperativ **El imperativo negativo** → 3 *3*

Mit dem *imperativo negativo* sagst du, dass jemand etwas *nicht* tun soll. Die Formen des verneinten Imperativs unterscheiden sich von denen des bejahten Imperativs; sie entsprechen den Verbformen der 3. Person des *presente de subjuntivo*. → G2 *8.10*

Die regelmäßigen Formen **Las formas regulares**

Die regelmäßigen Formen werden aus dem Stamm der 1. Person Singular des Präsens Indikativ gebildet. Bei den Verben auf *-ar* sind die Endungen ***-es*** für *tú*, und ***-éis*** für *vosotros/-as*.
Bei den Verben auf *-er* und *-ir* lauten sie ***-as*** bzw. ***-áis***.

	imperativo afirmativo		imperativo negativo	
	tú	vosotros/-as	tú	vosotros/-as
habl**ar**	habla	hablad	no habl**es**	no habl**éis**
com**er**	come	comed	no com**as**	no com**áis**
escrib**ir**	escribe	escribid	no escrib**as**	no escrib**áis**

Diese Regel gilt auch für Verben mit unregelmäßiger 1. Person Singular Präsens, mit Vokalspaltung und mit veränderter Schreibweise im *pretérito indefinido*.

poner → No pon**g**as cosas privadas en la red.
pedir → No p**i**dáis dinero a los abuelos.
utilizar → No utili**c**es el móvil en clase.
llegar → No lleg**u**éis tarde a casa.
sacar → No me sa**qu**es fotos.
coger → No co**j**as eso.
cerrar → No c**ie**rres la puerta. No c**e**rréis la puerta.
dormir → No d**ue**rmas tanto. No d**u**rmáis tanto.

imperativo afirmativo	imperativo negativo
Levánta**te** ya.	No **te** levantes todavía.
Llléva**las** contigo.	No **las** lleves contigo.
Cuénta**melo**.	No **me lo** cuentes.

Anders als beim bejahten Imperativ werden die Reflexiv- und Personalpronomen beim verneinten Imperativ nicht angehängt. Sie stehen immer *hinter* der Verneinung und *vor* der konjugierten Verbform.

Die unregelmäßigen Formen **Las formas irregulares**

Diese vier Verben sind im verneinten Imperativ unregelmäßig.

	tú	vosotros/-as
dar	No **des** tu dirección.	No **deis** vuestra dirección.
estar	No **estés** nervioso.	No **estéis** nerviosos.
ir	No **vayas** a la fiesta.	No **vayáis** a la fiesta.
ser	No **seas** tan exigente.	No **seáis** tan exigentes.

- Der Imperativ von *usted* und *ustedes*
  El imperativo de *usted* y *ustedes*

Wenn du jemanden aufforderst, etwas zu tun, und du diese Person oder Personen siezt, verwendest du den Imperativ von ***usted*** bzw. ***ustedes***.

Der bejahte und der verneinte Imperativ von ***usted*** und ***ustedes*** entsprechen ebenfalls den jeweiligen Formen des *presente de subjuntivo*, das heißt die Endungen für ***usted*** und ***ustedes*** sind im *imperativo afirmativo* und im *imperativo negativo* gleich und es gelten dieselben Unregelmäßigkeiten wie beim *presente de subjuntivo*. → G2 8.10

		imperativo afirmativo	imperativo negativo
llev**ar**	usted ustedes	Llev**e** las maletas. Llev**en** las maletas.	No llev**e** las maletas. No llev**en** las maletas.
com**er**	usted ustedes	Com**a** este pescado. Com**an** este pescado.	No com**a** este pescado. No com**an** este pescado.
abr**ir**	usted ustedes	Abr**a** la ventana. Abr**an** la ventana.	No abr**a** la ventana. No abr**an** la ventana.

Beim bejahten Imperativ werden die Reflexiv- und Personalpronomen angehängt.
Beim verneinten Imperativ stehen sie immer hinter der Verneinung und vor dem Imperativ.
*Señora Pérez, no **se** vaya, déje**me** su pasaporte, por favor.*

Wie du schon weißt, verwendet man in Lateinamerika *ustedes* statt *vosotros*. Daher wird auch der Imperativ von *ustedes* statt von *vosotros* verwendet.

8.10 Der *subjuntivo* El subjuntivo

Mit den Verbformen, die du bisher gelernt hast, drückst du Tatsachen aus. Bis jetzt hast du dafür im Präsens, in der Vergangenheit und in der nahen Zukunft die Formen des Modus Indikativ verwendet. Es gibt zudem die Verbformen des sogenannten *subjuntivo*. Mit diesem Modus kannst du vor allem subjektive Einstellungen zu einem Sachverhalt (z. B. Wünsche, Gefühle, ...) ausdrücken.
Den *subjuntivo* gibt es in mehreren Zeiten, hier lernst du zunächst den *presente de subjuntivo*.

El idioma

Der *subjuntivo* hat im Deutschen keine Entsprechung. Bei anderen romanischen Sprachen wie Französisch und Italienisch ist die Anwendung dieses Modus sehr ähnlich.

8.10.1 Der *subjuntivo* Präsens El presente de subjuntivo → 3 4

Einige Formen des *presente de subjuntivo* hast du bereits beim verneinten Imperativ und beim Imperativ von *usted* und *ustedes* verwendet. → G2 8.9

→

Die regelmäßigen Formen **Las formas regulares** → V

Die regelmäßigen Formen werden aus dem Stamm der 1. Person Singular Präsens Indikativ abgeleitet.
An den Stamm werden die Endungen des *presente de subjuntivo* angehängt.
Bei Verben auf ***-ar*** wird das ***a*** der Infinitiv-Endung zu ***e***.
Bei Verben auf ***-er*** und ***-ir*** wird das ***e*** bzw. ***i*** der Infinitiv-Endung zu ***a***.

ayud**ar** -e	com**er** -a	escrib**ir** -a
ayud**e**	com**a**	escrib**a**
ayud**es**	com**as**	escrib**as**
ayud**e**	com**a**	escrib**a**
ayud**emos**	com**amos**	escrib**amos**
ayud**éis**	com**áis**	escrib**áis**
ayud**en**	com**an**	escrib**an**

Die Formen der 1. und 3. Person Singular sind im *presente de subjuntivo* gleich.

Damit die Aussprache erhalten bleibt, gibt es bei Verben, die auf ***-car***, ***-gar***, ***-zar*** und ***-ger*** enden, eine veränderte Schreibweise.
bus**car** → busque, busques, busque, busquemos, busquéis, busquen
pa**gar** → pague, pagues, pague, paguemos, paguéis, paguen
empe**zar** → empiece, empieces, empiece, empecemos, empecéis, empiecen
co**ger** → coja, cojas, coja, cojamos, cojáis, cojan

Verben, die im Indikativ in der 1. Person Singular Präsens unregelmäßig sind,
wie z. B. *conocer (conozco)* oder *hacer (hago)*, werden im *presente de subjuntivo* regelmäßig gebildet.
Auch diese Verben werden einfach aus dem Stamm der 1. Person Präsens Indikativ abgeleitet.

conocer (yo conozco)	**hacer** (yo hago)
conozc**a**	hag**a**
conozc**as**	hag**as**
conozc**a**	hag**a**
conozc**amos**	hag**amos**
conozc**áis**	hag**áis**
conozc**an**	hag**an**
ebenso: *ofrecer, parecer, traducir* etc.	ebenso: *caer, decir, poner, salir, tener, traer, venir* etc.

Auch die Verben auf ***-uir*** und die Verben mit Vokalwechsel, die auf ***-ir*** enden, werden im *presente de subjuntivo* regelmäßig gebildet.

-uir (i → y)	**-ir** (e → i)
construir (yo construyo)	**pedir** (yo pido)
construy**a**	pid**a**
construy**as**	pid**as**
construy**a**	pid**a**
construy**amos**	pid**amos**
construy**áis**	pid**áis**
construy**an**	pid**an**

Espero que me pida mi número de teléfono.

Die Vokale der Diphthongverben auf **-ar** und **-er** werden im *presente de subjuntivo* genauso gespalten wie im *presente de indicativo*.

e → ie	o → ue	u → ue
recomendar (yo recomiendo)	**volver** (yo vuelvo)	**jugar** (yo juego)
recomiende	vuelva	juegue
recomiendes	vuelvas	juegues
recomiende	vuelva	juegue
recomendemos	volvamos	juguemos
recomendéis	volváis	juguéis
recomienden	vuelvan	jueguen

- Die unregelmäßigen Formen **Las formas irregulares** → V

Diese Verben sind im *presente de subjuntivo* unregelmäßig.

*hay → haya

dar	estar	ir	saber	ser	haber*
dé	esté	vaya	sepa	sea	haya
des	estés	vayas	sepas	seas	hayas
dé	esté	vaya	sepa	sea	haya
demos	estemos	vayamos	sepamos	seamos	hayamos
deis	estéis	vayáis	sepáis	seáis	hayáis
den	estén	vayan	sepan	sean	hayan

Bei den Diphthongverben auf **-ir** gibt es eine Besonderheit.
In der 1. und 2. Person Plural haben sie einen anderen Vokal als im Infinitiv.

e → ie	u/o → ue
sentir (yo siento)	**dormir** (yo duermo)
sienta	duerma
sientas	duermas
sienta	duerma
sintamos	durmamos
sintáis	durmáis
sientan	duerman

Der Vokal der 1. und 2. Person Plural entspricht dem des Gerundiums *(sintiendo, durmiendo)*.

8.11 Der Gebrauch des *subjuntivo* El uso del subjuntivo

Der *subjuntivo* im Nebensatz **El subjuntivo en frases subordinadas**

Der *subjuntivo* wird häufig in Nebensätzen verwendet. Oft handelt es sich hierbei um Nebensätze, die mit ***que*** eingeleitet werden. Er steht nach folgenden Auslösern (Verben und unpersönlichen Ausdrücken):

A Wunsch/Wille **Expresiones de deseos** → 3 7

Wunsch	**desear que** **esperar que** **querer que**	wünschen hoffen, erwarten wollen	*Queremos que nos **enviéis** vuestros consejos.*
Ratschlag	**recomendar que** **aconsejar que** **proponer que**	empfehlen raten vorschlagen	*Te recomiendo que **hables** con tus padres.*
Bitte	**pedir que**	bitten	*Te pido que me **ayudes** con este problema.*
Erlaubnis	**permitir que**	erlauben	*Mi madre permite que Raquel se **quede** a dormir.*
Verbot	**prohibir que**	verbieten	*Mis padres prohíben que mis amigos **vengan** los domingos a mi casa.*

Auch in Ausrufen mit **¡Que +** ***presente de subjuntivo*!** kannst du Wünsche äußern. Diese Sätze sind im Prinzip eine Kurzform, in denen das einleitende Verb des Wunsches fehlt (**esperar, desear, ...**). Die Personalform des Verbs richtet sich nach der Person, der du etwas wünschst: **¡Que te diviertas en el concierto, Felipe! ¡Que tengáis suerte con los exámenes! ¡Que tenga un buen día, Señor García!**

B Gefühle **Expresiones de sentimientos** → 3 7

Freude	**alegrarse de que** **estar contento/-a de que**	sich freuen froh sein	*Me alegro de que **puedas** venir a mi fiesta.*
Bedauern	**sentir que**	bedauern	*Siento mucho que no **tengas** tiempo para salir.*
Gefallen	**gustar que** **encantar que**	gefallen erfreuen	*Me encanta que **hagas** este programa conmigo.*
Vorlieben	**preferir que**	bevorzugen	*Prefiero que **discutamos** este tema en el foro.*
Ärger/ Missfallen	**molestar que**	stören	*¿Te molesta que **abra** la puerta?*
Angst	**tener miedo de que**	Angst haben	*Iker tiene miedo de que Ximena ya no **quiera** verlo.*

C Unpersönliche Ausdrücke mit *ser* **Expresiones impersonales con *ser*** → 3 15

Bewertung	**Es**	**normal que** **lógico que** **importante que** **necesario que** **mejor/peor que** **probable que** **posible que** **increíble que** **... que**	*Es importante que **tengáis** cuidado con las citas a ciegas.* *Es probable que **quedemos** en un bar.* *Es mejor que no **salgas** sola.* *Es increíble que **tengáis** tantos amigos.*

D Verneinte Meinungsäußerungen **Expresiones de opinión y duda** → 4 3		
Zweifel	**dudar que** **no estar seguro/-a de que**	*Dudo que el chico **vaya** a la cita.* *No estoy seguro de que el chico **vaya** a la cita.*
Verneinte Meinungs-äußerungen	**no creer que** **no pensar que** **no decir que**	*No creo/pienso/digo que Raquel **quiera** salir conmigo.*
	no es verdad que **no es cierto que** **no es seguro que**	*No es verdad/cierto/seguro que **esté** enamorada de mí.*

Werden die Verben der Meinungsäußerungen (*creer que, pensar que, estar seguro de que, es cierto que, es verdad que, es seguro que*) nicht verneint, dann wird der Indikativ verwendet.
***Creo que** él **está** enamorado de ella, pero **no creo que** ella **esté** enamorada de él.*

■ Infinitiv oder *subjuntivo*?
¿Infinitivo o subjuntivo? → 3 7

Nach den oben genannten Auslösern verwendet man den *subjuntivo* im Nebensatz nur, wenn sich die Verben im Haupt- und Nebensatz auf unterschiedliche Personen beziehen. Beziehen sich beide Verben auf dieselbe Person, dann steht nach dem Auslöser das Verb im Infinitiv und man verwendet kein ***que***.

→

- *Subjuntivo* nach Konjunktionen
  Subjuntivo después de conjunciones → 5 12

Folgende Konjunktionen werden mit dem *subjuntivo* verwendet, wenn sich die Subjekte in Haupt- und Nebensatz unterscheiden.

antes de que + *subjuntivo*	**Antes de que termine** el programa vamos a escuchar un poco de música argentina.
para que + *subjuntivo*	Hemos invitado a dos expertos **para que** nos **hablen** de la inmigración a Argentina.
sin que + *subjuntivo*	Alejandro no quiere terminar el programa **sin que** Javier **hable** de la vida del futbolista Diego Maradona.

Du kannst *para que* + *subjuntivo* mit *damit* und *para* + *infinitivo* mit *um ... zu* übersetzen.
*Te llamo **para que vengas** a mi casa a comer.*
*Te llamo **para hablar** contigo.*

- *Subjuntivo* nach *ojalá* **Subjuntivo después de *ojalá*** → 3 15

Nach *ojalá (que)* steht immer der *subjuntivo*. Mit dieser Interjektion wird ein Wunsch ausgedrückt.
***Ojalá** que **vengas**. (= Espero que **vengas**.)*
*¡**Ojalá** mis padres me **compren** una tableta!*

9 Der Satzbau **La sintaxis**

9.1 Die Verneinung **La negación** → G1 8.1

9.2 Die indirekte Rede **El estilo indirecto**

- Die indirekte Rede ohne Zeitverschiebung
  El estilo indirecto sin cambio del tiempo verbal → G1 8.2

In Band 1 hast du bereits gelernt, dass man mit der indirekten Rede berichtet, was andere erzählt oder gefragt haben. Die Zeit der direkten Rede bleibt erhalten, wenn das einleitende Verb der indirekten Rede im Präsens, Perfekt oder im *futuro inmediato* steht. → G1 7.7.1

- Der Imperativ in der indirekten Rede
  El imperativo en estilo indirecto → 5 12

Wenn du wiedergeben möchtest, wozu dich jemand aufgefordert hat und was andere dir befohlen oder verboten haben, musst du den *subjuntivo* verwenden.

estilo directo (= imperativo afirmativo)	estilo indirecto (= presente de subjuntivo)
Madre: "**Llámame** mañana."	Mi madre me dice que la **llame** mañana. (= Mi madre me pide que la llame mañana.)
Padre: "No **llegues** tarde."	Mi padre me ha dicho que no **llegue** tarde. (= Mi padre me ha ordenado que no llegue tarde.)

Das einleitende Verb *decir que* funktioniert in der indirekten Rede wie ein Verb des Wünschens und Wollens; deswegen musst du den *subjuntivo* verwenden. Im Deutschen wird dies mit dem Verb *sollen* ausgedrückt.

Steht das einleitende Verb im Präsens, Perfekt oder Futur, wird der Imperativ zu *presente de subjuntivo*.

estilo directo (= imperativo)	**Zeit des einleitenden Verbs**	**estilo indirecto (→ presente de subjuntivo)**	
"Haz los deberes."	presente	**Dice** que	**haga** los deberes.
	pretérito perfecto	**Ha dicho** que	
	futuro inmediato	**Va a decir** que	

9.3 Satzverbindungen **Tipos de oraciones**

In Band 1 hast du bereits einige Konjunktionen gelernt, mit denen ein Nebensatz und ein Hauptsatz oder zwei Hauptsätze logisch miteinander verbunden werden können. Hier wirst du weitere Konjunktionen lernen.

Grund und Folge (Kausal- und Konsekutivsatz)	
por lo cual (deshalb, wofür)	
Javier quiere hablar de la comida típica en Argentina, **por lo cual** pone muchos ejemplos de platos típicos.	Javier möchte über das Essen in Argentinien sprechen, deshalb gibt er viele Beispiele für typische Gerichte.
por lo tanto (darum)	
Queremos que los jóvenes conozcan nuestra historia, **por lo tanto** tenemos que hablar de ella en nuestro programa.	Wir möchten, dass die jungen Leute unsere Geschichte kennen, darum müssen wir in unserem Programm darüber sprechen.

Gegensatz (Adversativsatz)	
pero (aber)	
Laia quiere preparar el programa, **pero** no puede porque tiene que estudiar.	Laia möchte das Programm vorbereiten, aber sie kann nicht, weil sie lernen muss.
sin embargo (dennoch, trotzdem)	
Laia ha estudiado mucho, **sin embargo**, no ha sacado una buena nota.	Laia hat viel gelernt, trotzdem hat sie keine gute Note bekommen.
no obstante (trotzdem)	
No tenemos mucho tiempo para hablar de la historia, **no obstante**, es importante contar algo sobre la inmigración a Argentina.	Wir haben nicht viel Zeit, um über Geschichte zu sprechen, trotzdem ist es wichtig, etwas über die Einwanderung nach Argentinien zu erzählen.
en cambio (dagegen, hingegen)	
Javier quiere presentar la historia de Argentina, **en cambio**, Gilberto prefiere hablar de temas actuales.	Javier möchte die Geschichte Argentiniens präsentieren, Gilberto hingegen möchte lieber über aktuelle Themen sprechen.

Nach *sin embargo*, *no obstante* und *en cambio* wird immer ein Komma gesetzt.

9.4 Die Bedingungssätze **Las frases condicionales**

Reale Bedingungssätze **Las frases condicionales reales** → 6 3

Bedingungssätze geben an, was erfüllt sein muss, damit etwas anderes passieren kann. Der Nebensatz, in dem die Bedingung formuliert wird, beginnt mit ***si***. Wie im Deutschen werden die realen Bedingungssätze verwendet, wenn eine Bedingung tatsächlich erfüllt werden kann.

A Im *presente/imperativo* → 6 3
Das Verb des Bedingungssatzes steht im Präsens und das Verb des Hauptsatzes im Präsens oder im Imperativ.

Der *si*-Satz kann auch hinter dem Hauptsatz stehen. In diesem Fall setzt man kein Komma.
Mis padres se enfadan ***si*** *llego tarde a casa.*

si-Satz (Nebensatz/Bedingungssatz)		Hauptsatz	
presente	Si llego tarde a casa,	mis padres se enfadan.	presente
	Si tienes tiempo,	escribe a los abuelos.	imperativo

B Im *futuro simple* → 6 17
Das Verb des Bedingungssatzes steht im Präsens und das Verb des Hauptsatzes im Futur (nahe Zukunft oder *futuro simple*).

si-Satz (Nebensatz/Bedingungssatz)		Hauptsatz	
presente	Si no tenemos muchos deberes,	mañana vamos a visitar el Planetario.	futuro inmediato
	Si Felipe puede,	irá también al aeropuerto.	futuro simple

10 Zahlen, Uhrzeit und Datum **Los números, la hora y la fecha**

10.1 Die Zahlen **Los números** → G1 9.1

1	uno/-a, un	**21**	veintiuno/-a, veintiún	**101**	ciento uno/-a, ciento un
2	dos	**22**	veinti**dós**	**112**	ciento doce
3	tres	**23**	veinti**trés**	**200**	doscientos/-as
4	cuatro	**24**	veinticuatro	**300**	trescientos/-as
5	cinco	**25**	veinticinco	**400**	cuatrocientos/-as
6	seis	**26**	veinti**séis**	**500**	**quinientos/-as**
7	siete	**27**	veintisiete	**600**	seiscientos/-as
8	ocho	**28**	veintiocho	**700**	**setecientos/-as**
9	nueve	**29**	veintinueve	**800**	ochocientos/-as
10	diez	**30**	treinta	**900**	**novecientos/-as**
11	once	**31**	treinta y uno/-a, treinta y un	**1000**	mil
12	doce	**32**	treinta y dos	**2000**	dos mil
13	trece	**33**	treinta y tres		
14	catorce	**40**	cuarenta	**10 000**	diez mil
15	quince	**50**	cincuenta	**30 000**	treinta mil
16	dieci**séis**	**60**	sesenta	**100 000**	cien mil
17	diecisiete	**70**	setenta	**500 000**	quinientos/-as mil
18	dieciocho	**80**	ochenta	**1 000 000**	un millón
19	diecinueve	**90**	noventa	**2 000 000**	dos millones
20	veinte	**100**	cien	**500 000 000**	quinientos millones

- Die Prozentangaben **Los porcentajes** → 5 10

Wie im Deutschen werden die Prozentangaben mit den Grundzahlen gebildet.
Aber im Spanischen verwendest du vor Prozentangaben einen Artikel (***un*** oder ***el***).
Steht hinter der Prozentzahl ein Substantiv, ergänzt du ***de***.
*El Perú exporta **el/un** 58 % (= un cincuenta y ocho por ciento) **de** café.*

Die Verbform kann sich nach der Prozentzahl richten (und im Singular stehen) oder nach dem Substantiv (und bei Mehrzahl im Plural stehen).
El 60,1 % de los habitantes argentinos es de Europa.
Un 25 % son de un continente americano.

*100% = el/un cien por **cien** oder el/un cien por **ciento**.*

10.2 Die Uhrzeit **La hora** → G1 9.2

10.3 Das Datum **La fecha** → G1 9.3

11 Orts-, Zeit- und Mengenangaben **Indicaciones de lugar, de tiempo y de cantidad** → G1 10

12 Grammatische Begriffe **Términos gramaticales**

en español	**en alemán**	**ejemplo**
el adjetivo	das Adjektiv	*simpático/-a*
el adverbio	das Adverb	*muy, fácilmente*
la apócope	die Apokope, die Verkürzung	*un **buen** restaurante*
el artículo	der Artikel	*el, la, los, una*
la coma	das Komma	
el comparativo	der Komparativ	*Iker es **más alto que** Alejandro.*
el complemento directo	das direkte Objekt	*Vamos a ver **el nuevo piso**.*
el complemento indirecto	das indirekte Objekt	***A Paulina le** gustan los perros.*
la conjugación	die Konjugation	*hablé, hablaste*
la conjunción	die Konjunktion	*cuando, pero*
el determinante	der Begleiter	***muchos** coches*
el determinante posesivo	der Possessivbegleiter	*mi, tu, su*
el estilo directo	die direkte Rede	*Iker: "Soy de San Sebastián."*
el estilo indirecto	die indirekte Rede	***Dice que** es de San Sebastián.*
femenino	weiblich	*amig**a***
la forma conjugada	die konjugierte Form	*hablo*
la forma irregular	die unregelmäßige Form	*pongo*
la forma regular	die regelmäßige Form	*hablo*
la forma verbal	die Verbform	*hablo*
la frase	der Satz	
las frases condicionales	die Bedingungssätze	*Si llueve, me quedo en casa.*
el futuro simple	das Futur	*hablaré*
el gerundio	das Gerundium	*habl**ando***
el imperativo	der Imperativ	***Pon** música.*
las indicaciones de cantidad	Mengenangaben	***un kilo de** tomates*
las indicaciones de lugar	Ortsangaben	*El museo está **cerca de** aquí.*
las indicaciones de tiempo	Zeitangaben	***En octubre** es su cumpleaños.*
el infinitivo	der Infinitiv	*com**er***
la letra	der Buchstabe	
el marcador	der Auslöser	*ayer, esta semana*
masculino	männlich	*amig**o***
la negación	die Verneinung	***No** tienen tiempo.*
los números	die Zahlen	
los números cardinales	die Grundzahlen	*cinco*
los números ordinales	die Ordnungszahlen	*quinto/-a*
las oraciones causales	Kausalsätze	*No voy **porque** hace frío.*
las oraciones enunciativas	Aussagesätze	*Vivo en Bogotá.*
las oraciones interrogativas	Fragesätze	***¿Cómo** te llamas?*
las oraciones temporales	Temporalsätze	***Cuando** cuenta algo es muy divertido.*
la perífrasis del futuro	die nahe Zukunft	***Voy a comer** tortilla.*
la perífrasis del pasado inmediato	die unmittelbare Vergangenheit	***Acabo de comer** tortilla.*
la perífrasis verbal	die Verbalperiphrase	***Tengo que ir** al instituto.*
		***Llevo** dos horas **bailando**.*

en español	en alemán	ejemplo
la (primera/tercera) persona	die (erste/dritte) Person	***yo** bailo, **el/ella/usted** baila*
el plural	der Plural	*amig**os***
el porcentaje	die Prozentangabe	*un 52 %*
la posición	die Stellung	
la preposición	die Präposition	*de, a, en*
el presente	Präsens	*hablo*
el presente continuo	die Verlaufsform	*estoy hablando*
el pretérito imperfecto	das Imperfekt	*hablaba*
el pretérito indefinido	das indefinido	*hablé*
el pretérito perfecto	das Perfekt	*he hablado*
el pretérito pluscuamperfecto	das Plusquamperfekt	*había hablado*
el pronombre	das Pronomen	
el pronombre de complemento directo	das direkte Objektpronomen	*me, te, lo, la*
el pronombre de complemento indirecto	das indirekte Objektpronomen	*me, te, le*
el pronombre demostrativo	das Demonstrativpronomen	*este, ese, aquel*
el pronombre indefinido	das Indefinitpronomen	*mucho/-a, alguno/-a*
el pronombre interrogativo	das Fragepronomen	*¿cómo?, ¿qué?*
el pronombre personal	das Personalpronomen	*yo, tú, él, ella*
el pronombre posesivo	das Possessivpronomen	*el mío, el tuyo, el suyo*
el pronombre reflexivo	das Reflexivpronomen	*me, te, se*
el pronombre relativo	das Relativpronomen	*que, donde*
el punto	der Punkt	
la sílaba	die Silbe	*pa-ta-ta*
el singular	der Singular	*amigo*
la sintaxis	der Satzbau	
el subjuntivo	der *subjuntivo*	*haga, vaya*
el superlativo	der Superlativ	*Es el más divertido.*
la sustantivación	die Substantivierung	*lo bonito*
el sustantivo	das Substantiv	*el amigo*
temporal	zeitlich	
la terminación	die (Wort)endung	*-ción, -dad*
el tiempo verbal	Tempus	*presente, pretérito indefinido*
el uso	der Gebrauch	
el verbo	das Verb	
el verbo auxiliar	das Hilfsverb	*ser, estar*
el verbo con cambio vocálico	das Verb mit Vokalwechsel	*p**e**dir: p**i**do, p**i**des, p**i**de*
el verbo con diptongación	das Diphthongverb	*emp**e**zar: emp**ie**zo, emp**ie**zas*
el verbo irregular	das unregelmäßige Verb	*poner: **pongo**, pones*
el verbo modal	das Modalverb	*querer, tener que, poder*
el verbo reflexivo	das reflexive Verb	*levantar**se**, ir**se***
el verbo regular	das regelmäßige Verb	*hablar*

13 Grammatikglossar **Glosario gramatical**

1 Die Hilfsverben **Los verbos auxiliares**

infinitivo	**ser** (1)	**estar** (2)	**haber** (3)
presente de indicativo	**soy** **eres** **es** **somos** **sois** **son**	**estoy** est**á**s est**á** estamos estáis est**á**n	**he** **has** **ha (hay)** **hemos** habéis **han**
gerundio	siendo	estando	habiendo
participio	sido	estado	habido
pretérito indefinido	**fui** **fuiste** **fue** **fuimos** **fuisteis** **fueron**	**estuve** **estuvi**ste **estuvo** **estuvi**mos **estuvi**steis **estuvie**ron	**hube** **hub**iste **hubo** **hub**imos **hub**isteis **hub**ieron
pretérito imperfecto	**era** **eras** **era** **éramos** **erais** **eran**	estaba estabas estaba estábamos estabais estaban	había habías había habíamos habíais habían
imperativo afirmativo **imperativo negativo**	**sé** sed no **seas** no **seáis**	está estad no est**é**s no estéis	– – – –
presente de subjuntivo	**sea** **seas** **sea** **seamos** **seáis** **sean**	est**é** est**é**s est**é** est**e**mos estéis est**é**n	**haya** **hayas** **haya** **hayamos** **hayáis** **hayan**
futuro simple	seré serás será seremos seréis serán	estaré estarás estará estaremos estaréis estarán	ha**bré** ha**br**ás ha**br**á ha**br**emos ha**br**éis ha**br**án

2 Die regelmäßigen Verben auf *-ar/-er/-ir* **Los verbos regulares en *-ar/-er/-ir***

infinitivo	habl**ar** (4)	com**er** (5)	viv**ir** (6)	¡Ojo!
presente de indicativo	habl**o** habl**as** habl**a** habl**amos** habl**áis** habl**an**	com**o** com**es** com**e** com**emos** com**éis** com**en**	viv**o** viv**es** viv**e** viv**imos** viv**ís** viv**en**	**-ger**: cojo, coges, ... convencer: convenzo, convences, ... enviar: envío, envías, envía, enviamos, enviáis, envían esquiar: esquío, esquías, ... reunir: reúno, reúnes, reúne, reunimos, reunís, reúnen
gerundio	habl**ando**	com**iendo**	viv**iendo**	creer: creyendo leer: leyendo
participio	habl**ado**	com**ido**	viv**ido**	abrir: **abierto** creer: creído descubrir: **descubierto** escribir: **escrito** leer: leído
pretérito indefinido	habl**é** habl**aste** habl**ó** habl**amos** habl**asteis** habl**aron**	com**í** com**iste** com**ió** com**imos** com**isteis** com**ieron**	viv**í** viv**iste** viv**ió** viv**imos** viv**isteis** viv**ieron**	**-car**: busqué, buscaste, ... **-gar**: pagué, pagaste, ... **-zar**: organicé, organizaste, ... creer: creí, creíste, creyó, creímos, creísteis, creyeron leer: leí, leíste, leyó, leímos, ...
pretérito imperfecto	habl**aba** habl**abas** habl**aba** habl**ábamos** habl**abais** habl**aban**	com**ía** com**ías** com**ía** com**íamos** com**íais** com**ían**	viv**ía** viv**ías** viv**ía** viv**íamos** viv**íais** viv**ían**	
imperativo afirmativo **imperativo negativo**	habl**a** habl**ad** no habl**es** no habl**éis**	com**e** com**ed** no com**as** no com**áis**	viv**e** viv**id** no viv**as** no viv**áis**	
presente de subjuntivo	habl**e** habl**es** habl**e** habl**emos** habl**éis** habl**en**	com**a** com**as** com**a** com**amos** com**áis** com**an**	viv**a** viv**as** viv**a** viv**amos** viv**áis** viv**an**	**-car**: busque, busques, ... **-gar**: pague, pagues, ... **-ger**: coja, cojas, ... **-zar**: organice, organices, ... convencer: convenza, convenzas, ... enviar: envíe, envíes, ... esquiar: esquíe, esquíes, ... reunir: reúna, reúnas, ...
futuro simple	hablar**é** hablar**ás** hablar**á** hablar**emos** hablar**éis** hablar**án**	comer**é** comer**ás** comer**á** comer**emos** comer**éis** comer**án**	vivir**é** vivir**ás** vivir**á** vivir**emos** vivir**éis** vivir**án**	

3 Gruppenverben **Grupos de verbos**

3.1 Diphthongverben **Los verbos con diptongación e → ie**

infinitivo	pens**ar** (7)	entend**er** (8)	prefer**ir** (9)	¡Ojo!
presente de indicativo	pi**e**nso pi**e**nsas pi**e**nsa pensamos pensáis pi**e**nsan	ent**ie**ndo ent**ie**ndes ent**ie**nde entendemos entendéis ent**ie**nden	pref**ie**ro pref**ie**res pref**ie**re preferimos preferís pref**ie**ren	
gerundio	pensando	entendiendo	pref**i**riendo	
participio	pensado	entendido	preferido	
pretérito indefinido	pensé pensaste pensó pensamos pensasteis pensaron	entendí entendiste entendió entendimos entendisteis entendieron	preferí preferiste prefirió preferimos preferisteis prefirieron	**-zar**: empe**c**é, empezaste, empezó, empezamos, ... querer: **quise**, **quis**iste, **quiso**, **quis**imos, **quis**isteis, **quis**ieron
pretérito imperfecto	pensaba pensabas pensaba pensábamos pensabais pensaban	entendía entendías entendía entendíamos entendíais entendían	prefería preferías prefería preferíamos preferíais preferían	
imperativo afirmativo **imperativo negativo**	pi**e**nsa pensad no pi**e**nses no penséis	ent**ie**nde entended no ent**ie**ndas no entendáis	pref**ie**re preferid no pref**ie**ras no pref**i**ráis	
presente de subjuntivo	pi**e**nse pi**e**nses pi**e**nse pensemos penséis pi**e**nsen	ent**ie**nda ent**ie**ndas ent**ie**nda entendamos entendáis ent**ie**ndan	pref**ie**ra pref**ie**ras pref**ie**ra prefiramos prefiráis pref**ie**ran	
futuro simple	pensaré pensarás pensará pensaremos pensaréis pensarán	entenderé entenderás entenderá entenderemos entenderéis entenderán	preferiré preferirás preferirá preferiremos preferiréis preferirán	querer: que**rr**é, que**rr**ás, que**rr**á, que**rr**emos, que**rr**éis, que**rr**án
otros verbos	recomendar, sentarse	perder	mentir, sentir(se)	

Diphthongverben **Los verbos con diptongación o → ue**

infinitivo	aprobar (10)	volver (11)	dormir (12)	¡Ojo!
presente de indicativo	apruebo apruebas aprueba aprobamos aprobáis aprueban	vuelvo vuelves vuelve volvemos volvéis vuelven	duermo duermes duerme dormimos dormís duermen	**u → ue** jugar: juego, juegas, juega, jugamos, jugáis, juegan
gerundio	aprobando	volviendo	durmiendo	poder: pudiendo
participio	aprobado	**vuelto**	dormido	morir: **muerto**
pretérito indefinido	aprobé aprobaste aprobó aprobamos aprobasteis aprobaron	volví volviste volvió volvimos volvisteis volvieron	dormí dormiste durmió dormimos dormisteis durmieron	jugar: jugué, jugaste, jugó, ... poder: **pude**, **pudiste**, **pudo**, **pudimos**, **pudisteis**, **pudieron** esforzarse: me esforcé, te esforzaste, se esforzó, ...
pretérito imperfecto	aprobaba aprobabas aprobaba aprobábamos aprobabais aprobaban	volvía volvías volvía volvíamos volvíais volvían	dormía dormías dormía dormíamos dormíais dormían	
imperativo afirmativo **imperativo negativo**	aprueba aprobad no apruebes no aprobéis	vuelve volved no vuelvas no volváis	duerme dormid no duermas no durmáis	
presente de subjuntivo	apruebe apruebes apruebe aprobemos aprobéis aprueben	vuelva vuelvas vuelva volvamos volváis vuelvan	duerma duermas duerma durmamos durmáis duerman	jugar: juegue, juegues, ... esforzarse: me esfuerce, te esfuerces, se esfuerce, nos esforcemos, os esforcéis, se esfuercen
futuro simple	aprobaré aprobarás aprobará aprobaremos aprobaréis aprobarán	volveré volverás volverá volveremos volveréis volverán	dormiré dormirás dormirá dormiremos dormiréis dormirán	poder: podré, podrás, podrá, podremos, podréis, podrán
otros verbos	acordarse, comprobar, contar, esforzarse, mostrar, recordar, rodar, soñar	moverse, soler	morir	

3.2 Verben mit Vokalschwächung
Los verbos con debilitación vocálica e → i

infinitivo	pedir (13)	¡Ojo!
presente de indicativo	pido pides pide pedimos pedís piden	**-gir:** elijo, eliges, elige, elegimos, elegís, eligen seguir: sigo, sigues, sigue, seguimos, seguís, siguen
gerundio	pidiendo	
participio	pedido	
pretérito indefinido	pedí pediste pidió pedimos pedisteis pidieron	
pretérito imperfecto	pedía pedías pedía pedíamos pedíais pedían	
imperativo afirmativo **imperativo negativo**	pide pedid no pidas no pidáis	
presente de subjuntivo	pida pidas pida pidamos pidáis pidan	**-gir:** elija, elijas, elija, elijamos, elijáis, elijan
futuro simple	pediré pedirás pedirá pediremos pediréis pedirán	
otros verbos	conseguir, corregir, despedirse, elegir, repetir, servir, vestir	

3.3 Verben auf *-ocer, -acer, -ecer, -ucir*
Los verbos en *-ocer, -acer, -ecer, -ucir*
c → zc

infinitivo	conocer (14)	¡Ojo!
presente de indicativo	conozco conoces conoce conocemos conocéis conocen	
gerundio	conociendo	
participio	conocido	
pretérito indefinido	conocí conociste conoció conocimos conocisteis conocieron	traducir: traduje, tradujiste, tradujo, tradujimos, tradujisteis, tradujeron producir: produje, ...
pretérito imperfecto	conocía conocías conocía conocíamos conocíais conocían	
imperativo afirmativo imperativo negativo	conoce conoced no conozcas no conozcáis	
presente de subjuntivo	conozca conozcas conozca conozcamos conozcáis conozcan	
futuro simple	conoceré conocerás conocerá conoceremos conoceréis conocerán	
otros verbos	aparecer, apetecer, nacer, ofrecer, parecer, producir, reconocer, traducir	

3.4 Verben auf *-uir*
Los verbos en *-uir*
i → y

infinitivo	construir (15)
presente de indicativo	construyo construyes construye construimos construís construyen
gerundio	construyendo
participio	construido
pretérito indefinido	construí construiste construyó construimos construisteis construyeron
pretérito imperfecto	construía construías construía construíamos construíais construían
imperativo afirmativo imperativo negativo	construye construid no construyas no construyáis
presente de subjuntivo	construya construyas construya construyamos construyáis construyan
futuro simple	construiré construirás construirá construiremos construiréis construirán
otros verbos	incluir

4 Die unregelmäßigen Verben **Los verbos irregulares**

infinitivo	caer (16)	dar (17)	decir (18)	hacer (19)	ir (20)
presente de indicativo	caigo caes cae caemos caéis caen	doy das da damos dais dan	digo dices dice decimos decís dicen	hago haces hace hacemos hacéis hacen	voy vas va vamos vais van
gerundio	cayendo	dando	diciendo	haciendo	yendo
participio	caído	dado	dicho	hecho	ido
pretérito indefinido	caí caíste cayó caímos caísteis cayeron	di diste dio dimos disteis dieron	dije dijiste dijo dijimos dijisteis dijeron	hice hiciste hizo hicimos hicisteis hicieron	fui fuiste fue fuimos fuisteis fueron
pretérito imperfecto	caía caías caía caíamos caíais caían	daba dabas daba dábamos dabais daban	decía decías decía decíamos decíais decían	hacía hacías hacía hacíamos hacíais hacían	iba ibas iba íbamos ibais iban
imperativo afirmativo imperativo negativo	cae caed no caigas no caigáis	da dad no des no deis	di decid no digas no digáis	haz haced no hagas no hagáis	ve id no vayas no vayáis
presente de subjuntivo	caiga caigas caiga caigamos caigáis caigan	dé des dé demos deis den	diga digas diga digamos digáis digan	haga hagas haga hagamos hagáis hagan	vaya vayas vaya vayamos vayáis vayan
futuro simple	caeré caerás caerá caeremos caeréis caerán	daré darás dará daremos daréis darán	diré dirás dirá diremos diréis dirán	haré harás hará haremos haréis harán	iré irás irá iremos iréis irán

infinitivo	**oír** (21)	**poner** (22)	**reír** (23)	**saber** (24)	**salir** (25)
presente de indicativo	**oigo** oyes oye oímos oís oyen	**pongo** pones pone ponemos ponéis ponen	**río** ríes ríe reímos reís ríen	**sé** sabes sabe sabemos sabéis saben	**salgo** sales sale salimos salís salen
gerundio	**oyendo**	poniendo	riendo	sabiendo	saliendo
participio	oído	**puesto**	reído	sabido	salido
pretérito indefinido	oí oíste oyó oímos oísteis oyeron	**puse** **pus**iste **puso** **pus**imos **pus**isteis **pus**ieron	reí reíste rio reímos reísteis rieron	**supe** **sup**iste **supo** **sup**imos **sup**isteis **sup**ieron	salí saliste salió salimos salisteis salieron
pretérito imperfecto	oía oías oía oíamos oíais oían	ponía ponías ponía poníamos poníais ponían	reía reías reía reíamos reíais reían	sabía sabías sabía sabíamos sabíais sabían	salía salías salía salíamos salíais salían
imperativo afirmativo	oye oíd	**pon** poned	ríe reíd	sabe sabed	**sal** salid
imperativo negativo	no **oig**as no **oig**áis	no **pong**as no **pong**áis	no rías no riáis	no **sepas** no **sepáis**	no **salg**as no **salg**áis
presente de subjuntivo	**oig**a **oig**as **oig**a **oig**amos **oig**áis **oig**an	**pong**a **pong**as **pong**a **pong**amos **pong**áis **pong**an	ría rías ría riamos riáis rían	**sep**a **sep**as **sep**a **sep**amos **sep**áis **sep**an	**salg**a **salg**as **salg**a **salg**amos **salg**áis **salg**an
futuro simple	oiré oirás oirá oiremos oiréis oirán	pon**dr**é pon**dr**ás pon**dr**á pon**dr**emos pon**dr**éis pon**dr**án	reiré reirás reirá reiremos reiréis reirán	sa**br**é sa**br**ás sa**br**á sa**br**emos sa**br**éis sa**br**án	sal**dr**é sal**dr**ás sal**dr**á sal**dr**emos sal**dr**éis sal**dr**án

infinitivo	**tener** (26)	**traer** (27)	**venir** (28)	**ver** (29)
presente de indicativo	**tengo** t**ie**nes t**ie**ne tenemos tenéis t**ie**nen	**traigo** traes trae traemos traéis traen	**vengo** v**ie**nes v**ie**ne venimos venís v**ie**nen	**veo** ves ve vemos veis ven
gerundio	teniendo	tra**y**endo	v**i**niendo	viendo
participio	tenido	tra**í**do	venido	**visto**
pretérito indefinido	**tuve** **tuv**iste **tuvo** **tuv**imos **tuv**isteis **tuv**ieron	**traje** **traj**iste **trajo** **traj**imos **traj**isteis **traj**eron	**vine** **vin**iste **vino** **vin**imos **vin**isteis **vin**ieron	vi viste vio vimos visteis vieron
pretérito imperfecto	tenía tenías tenía teníamos teníais tenían	traía traías traía traíamos traíais traían	venía venías venía veníamos veníais venían	**veía** **veías** **veía** **veíamos** **veíais** **veían**
imperativo afirmativo	**ten** tened	trae traed	**ven** venid	ve ved
imperativo negativo	no **teng**as no **teng**áis	no **traig**as no **traig**áis	no **veng**as no **veng**áis	no **veas** no **veáis**
presente de subjuntivo	**teng**a **teng**as **teng**a **teng**amos **teng**áis **teng**an	**traig**a **traig**as **traig**a **traig**amos **traig**áis **traig**an	**veng**a **veng**as **veng**a **veng**amos **veng**áis **veng**an	**vea** **veas** **vea** **veamos** **veáis** **vean**
futuro simple	ten**dr**é ten**dr**ás ten**dr**á ten**dr**emos ten**dr**éis ten**dr**án	traeré traerás traerá traeremos traeréis traerán	ven**dr**é ven**dr**ás ven**dr**á ven**dr**emos ven**dr**éis ven**dr**án	veré verás verá veremos veréis verán

Verbliste **Lista de verbos**

Die folgende Liste enthält alle Verben aus ***Puente al Español*** 1 und 2. Die Zahl hinter jedem Verb verweist auf die Nummer eines in der vorhergegangenen Tabellen aufgeführten Verbs, das die gleiche Konjugation aufweist. So bedeutet zum Beispiel **abrir** → 6, dass **abrir** wie das Verb 6 (also **vivir**) konjugiert wird.

A

abrir → 6
aburrirse → 6
acabar → 4
acampar → 4
aceptar → 4
acompañar → 4
acordar(se) → 10
acostarse → 10
admirar → 4
ahorrar → 4
alegrarse → 4
alojarse → 4
alquilar → 4
amenazar → 4
analizar → 4
aparecer → 14
apasionar → 4
apetecer → 14
aprender → 5
aprobar → 10
arreglar → 4
asustar → 4
atender → 8
avisar → 4
ayudar → 4

B

bailar → 4
bajar → 4
bañar(se) → 4
beber → 5
besar → 4
buscar → 4

C

caer(se) → 16
cambiar → 4
caminar → 4
cansar(se) → 4
cantar → 4
casarse → 4
celebrar → 4
cenar → 4
centrarse → 4
cerrar → 7
charlar → 4
chatear → 4
coger → 5
colaborar → 4
comparar → 4
compartir → 6
comprar → 4
comprobar → 10
comunicar(se) → 4
conectar(se) → 4
conocer → 14
conseguir → 13
conservar → 4
construir → 6
contaminar → 4
contar → 10
contestar → 4
continuar → 4
contratar → 4
convidar → 4
convivir → 6
corregir → 13
costar → 10
crear →4
creer → 5
cruzar → 4
cuidar → 4
cumplir → 6
curar → 4

D

dar → 15
decidir → 6
decir → 16
declarar → 4
dejar → 4
desayunar → 4
descansar → 4
describir → 6
descubrir → 6
desear → 4
despedirse → 13
despertarse → 7
discutir → 6
disfrutar → 4
divertirse → 9
doctorarse → 4
dormir(se) → 12
ducharse → 4
dudar → 4
duplicar → 4

E

echar → 4
elegir → 13
emigrar → 4
empezar → 7
enamorarse → 4
encantar → 4
encontrar(se) → 10
enfadarse → 4
enseñar → 4
entender → 8
entrar → 4
entrenarse → 4
entrevistar → 4
enviar → 4
escribir → 6
escuchar → 4
esforzarse → 10
esperar → 4
esquiar → 4
estar → 2
estudiar → 4
evitar → 4
existir → 6
explicar → 4
expresar → 4

F

felicitar → 4
funcionar → 4

G

ganar → 4
gastar → 4
girar → 4
gustar → 4

H
haber → 3
hablar → 4
hacer → 17

I
identificar → 4
imaginarse → 4
importar → 4
impulsar → 4
incluir → 15
informarse → 4
interesar → 4
invitar → 4
ir(se) → 18

J
jugar → 10

L
leer → 5
levantarse → 4
limitar → 4
llamar(se) → 4
llegar → 4
llenar(se) → 4
llevar(se) → 4
llover → 11
luchar → 4

M
malgastar → 4
mandar → 4
manipular → 4
mantener → 24
marcar → 4
mejorar → 4
mentir → 9
mirar → 4
molar → 4
molestar → 4
morir → 12
moverse → 12
mudarse → 4

N
nacer → 14
navegar → 4
necesitar → 4
nevar → 7

O
observar → 4
obtener → 26
oír → 21
olvidar → 4
opinar → 4
ordenar → 4
organizar → 4

P
pagar → 4
parecer → 14
participar → 4
pasar → 4
pedir → 13
pensar → 7
perder → 8
perdonar → 4
permitir → 6
pintar → 4
planear → 4
poder → 11
poner(se) → 19
practicar → 4
preferir → 9
preguntar → 4
preocuparse → 4
preparar → 4
presentar → 4
probar(se) → 10
prometer → 6
proponer → 22
protestar → 4

Q
quedar(se) → 4
querer → 8

R
reaccionar → 4
realizar → 4
recibir → 6
recomendar → 7
recordar → 10
regalar → 4
reír(se) → 6
relacionar → 4
relajarse → 4
reparar → 4
repartir → 6
respetar → 4
resolver → 11
revisar → 4
robar → 4

S
saber → 20
sacar → 4
salir → 21
salvar → 4
saludar(se) → 4
seguir → 13
sentar(se) → 7
sentir(se) → 9
separarse → 4
ser → 1
sonar → 10
sorprender → 5
subir → 6
suspender → 5

T
tener → 22
terminar(se) → 4
tocar → 4
tomar → 4
trabajar → 4
traducir → 14
traer → 23
transmitir → 6
tratar → 4
tumbar(se)→ 4

U
usar → 4

V
valer la pena → 5
vender → 5
venir → 24
ver → 25
viajar → 4
visitar → 4
vivir → 6
volar → 10
volver → 11

Das Alphabet **El alfabeto**

Buchstabe	Lesart	Lautschrift/Aussprache	Beispiel
A a	a	[a]	**a**miga
B b	be	[b] am Wortanfang wie **B**erge [β] in der Wortmitte **weicher**, zwischen **b** und **v**	**b**arrio tra**b**ajar
C c	ce	[k] vor a, o und u wie **K**ino [θ] vor e und i wie englisch “**th**ick”	**c**antante, **C**olombia, **c**uatro **C**elia, **c**inco
Ch ch	che	[tʃ] wie **tsch**üss	**ch**ico
D d	de	[d] im Anlaut und nach n und l wie **D**ach; [ð] sonst etwas schwächer als englisch “**th**e”	¿**d**ónde? vi**d**a
E e	e	[e]	**e**l
F f	efe	[f] wie **F**erien	**f**antástico
G g	ge	[G] vor a, o und u wie **G**ans1 [χ] vor e und i wie a**ch**t	**g**afas, **g**ordito, **g**uapo **g**enial, **G**ilberto
H h	hache	wird **nicht ausgesprochen**	**h**oy
I i	i	[i]	**i**dea
J j	jota	[χ] wie a**ch**t	**j**ugar
K k	ka	[k] wie **K**ino	**k**ilo
L l	ele	[l] wie **L**ampe	**l**eer
Ll ll	elle	[ʎ] ähnlich wie **j**a	me **ll**amo
M m	eme	[m] wie **M**utter	**M**adrid
N n	ene	[n] wie **n**ein	**n**o
Ñ ñ	eñe	[ɲ] etwa wie n und j, wie Co**gn**ac	Espa**ñ**a
O o	o	[o]	Buena **O**nda
P p	pe	[p] wird **nicht gehaucht**	**p**alabra
Q q	cu	[k] wie **K**ino, das u wird nicht ausgesprochen	**qu**ince
R r	ere erre	[r] wird **gerollt** [rr] wird am Wortanfang und als Doppelbuchstabe **stärker gerollt**	pa**r**a **r**adio, abu**rr**ido
S s	ese	[s] wird **stimmlos** ausgesprochen wie Mau**s**	**s**í
T t	te	[t] wird **nicht gehaucht**	**t**ocar
U u	u	[u]	**u**no
V v	uve	[b] am Wortanfang wie **B**erge [β] wie **B b**, in der Wortmitte **weicher**, zwischen b und **v**	**v**ale nue**v**e
W w	uve doble	häufig wie das spanische v ([b]/[β])	**w**eb
X x	equis	[x] wie **ks** in Keks oder stimmloses **s** in Maus	e**x**plicar
Y y	ye	[j] wie **j**a	pla**y**a
Z z	zeta	[θ] wie englisch “**th**ick”	pla**z**a

Vokale werden im Spanischen kürzer und offener als im Deutschen ausgesprochen.
Konsonanten klingen weicher.

1 Den **[g]**-Laut vor einem e oder i schreibt man **gue** oder **gui**, das u wird nicht ausgesprochen, z. B. al**gui**en.

Vokalfolgen

b**ie**nvenido, s**oy**, B**ue**na Onda, P**au**lina, c**iu**dad	Vokalfolgen mit den schwachen Vokalen ***i*** und ***u*** bilden einen Diphthong und werden als eine Silbe gesprochen.
s**ei**s, **eu**ro	Anders als im Deutschen behalten dabei beide Vokale ihren Klang, auch bei ***ei*** und ***eu***.
t**ío**, contin**úo**	Trägt ein schwacher Vokal in einer Vokalfolge einen Akzent, wird kein Diphthong gebildet und die Vokalfolge als zwei Silben gesprochen.
el **ae**ropuerto, la id**ea**, el víd**eo**, el p**oe**ta	Vokalfolgen aus zwei starken Vokalen, also ***a***, ***e***, und ***o***, bilden keinen Diphthong und werden als zwei Silben gesprochen.

Die Betonung und Akzentsetzung **La acentuación**

her**ma**no, **nom**bre, Pau**li**na, **gra**cias, **bus**can	Wörter, die auf Vokal, -n oder -s enden, werden auf der vorletzten Silbe betont.[1]
ge**nial**, ciu**dad**, hu**mor**	Wörter, die auf Konsonant (außer -n und -s) enden, werden auf der letzten Silbe betont.[1]
es**tá**, tam**bién**, Ma**ría**, te**lé**fono, mate**má**ticas	Alle Wörter, deren Betonung nicht einer dieser beiden Regeln entspricht, tragen einen Akzent auf dem betonten Vokal.
can**ción**/can**cio**nes joven/**jó**venes	Damit die Betonung im Singular und Plural immer gleich bleibt, verlieren mache Wörter im Plural den Akzent, andere hingegen bekommen einen dazu.
deja + la → **dé**jala lleva + los → **llé**valos buscando + los → bus**cán**dolos	Damit die Betonung gleich bleibt, tragen manche Imperative und Gerundien mit angehängtem Pronomen einen Akzent.
rápido / rápidamente	Bei den Adverbien auf *-mente* bleiben die Akzente der Adjektive erhalten.
¿qué? ¿cómo? ¿dónde? ¿cuántos/-as? ¡Qué bien! ¡Qué horror!	Frage- und Ausrufewörter tragen immer einen Akzent.
el – él *der – er* mi – mí *mein – mich/mir* tu – tú *dein – du* se – sé *sich – ich weiß* si – sí *ob – ja* que – ¿qué? *dass – was?* donde – ¿dónde? *wo – wo?* hablo – habló *ich spreche – er sprach*	Es gibt Wörter mit gleicher Schreibweise, aber verschiedenen Bedeutungen. Der Akzent dient hier der Bedeutungsunterscheidung.

Die Rechtschreibung **La ortografía**

Im Spanischen werden Substantive in der Regel kleingeschrieben. Ausnahmen sind Eigennamen, Schulfächer, Bezeichnungen für Festtage und geografische Namen von Ländern, Regionen, Städten, Straßen und Flüssen sowie das Wort für Gott (Dios).

Alejandro Álvarez Sanz	Namen
Física y Química, Matemáticas	Schulfächer
Navidad, Semana Santa	Festtage
España, Guanajuato, calle Gracia, el río Urumea	Geografische Bezeichnungen

[1] Ein Diphthong zählt als eine Silbe.

Indicaciones para los ejercicios

Apunta/Apuntad las letras o la respuesta individual en el cuaderno.	***Notiere/Notiert*** *die Buchstaben oder die individuelle Antwort im Heft.*
Busca/Buscad en el texto todas las formas del verbo/las palabras clave/los errores.	***Suche/Sucht*** *im Text alle Verbformen/die Schlüsselwörter/die Fehler.*
Cambiad los papeles.	***Tauscht*** *die Rollen.*
Comenta/Comentad las siguientes frases.	***Kommentiere/Kommentiert*** *die folgenden Sätze.*
Compara/Comparad ... con ...	***Vergleiche/Vergleicht*** *... mit ...*
Completa/Completad con la forma correspondiente del verbo.	***Vervollständige/Vervollständigt*** *mit der passenden Verbform.*
Comprueba/Comprobad tus/vuestras respuestas.	***Überprüfe/Überprüft*** *deine/eure Antworten.*
Conjuga/Conjugad el verbo.	***Konjugiere/Konjugiert*** *das Verb.*
Contesta/Contestad a las preguntas.	***Antworte/Antwortet*** *auf die Fragen.*
Continúa/Continuad como en el ejemplo.	***Fahre/Fahrt fort*** *wie im Beispiel.*
Corrige/Corregid las frases falsas/los resúmenes falsos.	***Berichtige/Berichtigt*** *die falschen Sätze/Zusammenfassungen.*
Cuenta/Contad ...	***Erzähle/Erzählt*** *...*
Describe/Describid ... Tu compañero/-a adivina qué es.	***Beschreibe/Beschreibt*** ... Dein/e Partner/in rät, was es ist.
Di/Decid lo contrario.	***Sage/Sagt*** *das Gegenteil.*
Dibuja/Dibujad ...	***Zeichne/Zeichnet*** *...*
Discutid en parejas/en clase sobre ...	***Diskutiert*** *zu zweit/in der Klasse über ...*
Diseña/Diseñad un folleto.	***Entwirf/Entwerft*** *eine Broschüre.*
Elige/Elegid la frase correcta/una actividad.	***Wähle/Wählt*** *den richtigen Satz/eine Aufgabe* ***aus****.*
Escribe/Escribid el texto en el orden correcto.	***Schreibe/Schreibt*** *den Text in der richtigen Reihenfolge.*
Escucha/Escuchad otra vez el diálogo/la canción.	***Höre dir/Hört euch*** *den Dialog/das Lied noch einmal* ***an****.*
Explica/Explicad por qué ...	***Erkläre/Erklärt****, warum ...*
Fíjate/Fijaos en ...	***Achte/Achtet*** *auf ...*
Forma/Formad por lo menos ... frases con sentido.	***Bilde/Bildet*** *mindestens ... sinnvolle Sätze.*
Formula/Formulad la regla.	***Formuliere/Formuliert*** *die Regel.*
Habla/Hablad un minuto de ...	***Sprich/Sprecht*** *eine Minute lang über ...*
Haz/Haced el diálogo.	***Erstelle/Erstellt*** *den Dialog.*
Intercambiad la información en clase.	***Tauscht*** *eure Informationen in der Klasse* ***aus****.*
Inventa/Inventad un título para cada párrafo.	***Denk dir/Denkt euch*** *eine Überschrift zu jedem Absatz* ***aus****.*
Jugad con un dado.	***Spielt*** *mit einem Würfel.*
Junta/Juntad más ideas en la pizarra.	***Sammle/Sammelt*** *weitere Ideen an der Tafel.*
Justifica/Justificad la decisión.	***Begründe/Begründet*** *die Entscheidung.*
Lee/Leed el poema/el diálogo en voz alta.	***Lies/Lest*** *das Gedicht/den Dialog laut* ***vor****.*
Localiza/Localizad los lugares en el mapa.	***Finde/Findet*** *die Orte auf der Karte.*
Mejora/Mejorad el estilo del texto.	***Verbessere/Verbessert*** *den Stil des Textes.*
Mira/Mirad los dibujos.	***Sieh dir/Seht euch*** *die Zeichnungen* ***an****.*
Ordena/Ordenad las formas del verbo.	***Ordne/Ordnet*** *die Verbformen.*
Pregunta/Preguntad a dos compañeros/-as por ...	***Frage/Fragt*** *zwei Mitschüler/innen nach ...*
Prepara/Preparad una presentación sobre ...	***Bereite/Bereitet*** *eine Präsentation über ...* ***vor****.*
Presenta/Presentad los resultados en clase.	***Stelle/Stellt*** *die Ergebnisse in der Klasse* ***vor****.*
Reacciona/Reaccionad con las siguientes expresiones.	***Reagiere/Reagiert*** *mit den folgenden Ausdrücken.*
Relaciona/Relacionad ... con ...	***Verbinde/Verbindet*** *... mit ...*
Repartid el trabajo.	***Teilt*** *euch die Arbeit* ***auf****.*
Repite/Repetid ...	***Wiederhole/Wiederholt*** *...*
Representad el diálogo en clase.	***Spielt*** *den Dialog in der Klasse* ***vor****.*
Sustituye/Sustituid ... por ...	***Ersetze/Ersetzt*** *... durch ...*
Termina/Terminad el e-mail/diálogo.	***Beende/Beendet*** *die Mail/den Dialog.*
Toma/Tomad apuntes.	***Mache dir/Macht euch Notizen****.*
Trabajad en parejas/en grupos de tres.	***Arbeitet*** *zu zweit/zu dritt.*
Traduce/Traducid las siguientes frases.	***Übersetze/Übersetzt*** *die folgenden Sätze.*
Transforma/Transformad el texto.	***Schreibe/Schreibt*** *den Text* ***um****.*
Usa/Usad el diccionario si es necesario.	***Verwende/Verwendet*** *wenn nötig das Wörterbuch.*

955.166